監査役の社会的使命と法的責任

鳥飼総合法律事務所

弁護士 鳥飼 重和
弁護士 吉田 良夫 【編著】

清文社

は じ め に

　監査役の機能に社会が期待する時代が到来した。企業の永続性が重視されるようになり、ガバナンス体制の要として、監査役の機能が注目されるようになったからである。すなわち、米国でも、日本でも、不祥事で破綻した企業は目立って多くなった。さらに、最近では、米国のゼネラルモーターズ、日本の日本航空のように、伝統があり、国を代表するような巨大な企業が破綻する状況が現出している。
　そのため、企業の業績や株主への利益還元ばかりではなく、企業の維持継続性というサステナビリティが重視され、企業におけるガバナンス体制に重大な関心が集まるようになっている。その流れの中で、日本では、ガバナンス体制の要としての監査役の役割が重視されるようになってきたことは必然的な流れなのであるといえよう。

　このような"監査役の機能強化"という時代の流れの前兆なのであろうか、極めて少数ではあるが、監査役がガバナンス機能を発揮しようとして行動する事例が出始めている。監査役が経営者と対立する場合には、これまで監査役は辞任するのが通常であった。にもかかわらず、監査役は辞任せずに、その役割を全うしようとする姿が見え隠れするようになっている。このような事例は、変化の兆しの見える今後の監査役のあり方を考える上での参考になるだろう。

　さらに、最近の裁判例は、取締役及び監査役の法的責任に対して厳しい立場に立つようになっている。しかも、従来の株主代表訴訟による追及から、取締役に対する法的責任の追及はさらに進展し、監査役が会社を代表して提訴する事例が多くなってきている。これらの背景には、社会常識が大きく変化し、社会が会社自体に取締役等の責任追及を求め、さらに、その責任を見逃すことを許さないことがある。
　つまり、社会の目が、裁判所を動かし、会社を動かし、株主を動かし始め

ているのである。

　本書は、このような社会の目による新しい時代の流れを汲み、時代の変化が今後の監査役の実務にどのような影響をもたらすのかに光を与えようとするものである。監査役はもちろん、監査役の監査を受ける取締役等、さらに、企業法務に携わるすべての関係者に何らかの問題意識をもっていただければ幸いである。

　最後に、謝意を述べたい。まず、本書は、清文社の東海林良氏のご助力なしには出版できなかった。同氏に心からのお礼を申し上げたい。次に、原稿を丁寧に校正してくれた当事務所のパラリーガルの鈴木淳代さんにも、本当にありがとう、という言葉を贈りたい。

　　平成22年6月吉日

　　　　　　　　　　　　　　　　　　　　編集代表　　鳥飼　重和
　　　　　　　　　　　　　　　　　　　　　　　　　　吉田　良夫

監査役の社会的使命と法的責任 目次

はじめに

第1編 監査役を巡る今日的課題

第1章 監査役の本当の役割 ―― 3

1. **監査役の社会的価値** 3
   - （1）監査役に社会的な価値はあるのか？ 3
   - （2）監査役が社会的価値ある存在になるには 4
2. **会社の存在理由** 6
3. **永続的成長のための要素** 7
   - （1）近江商人の商売の秘訣 8
   - （2）信 頼 9
   - （3）「良い成長」「良い利益」 11
4. **コーポレート・ガバナンスとは何か** 12
   - （1）経営の効率性と経営の健全性 12
   - （2）両者の関係 13
   - （3）経営の健全性を重視すべき決算数値による裏づけ 16
5. **経営者の役割** 20
6. **監査役の役割** 23
7. **時代の流れと監査役** 26
   - （1）監査役の法的責任は重くなる傾向が顕著である 26
   - （2）監査役でいることがリスクになる時代 28
   - （3）監査役は取締役を提訴する可能性がある 29

第2章
監査役の使命とコーポレート・ガバナンスとの関わり —— 31

1. **監査役を巡る現実的問題** *31*
2. **監査役を巡る事例の検討** *33*
    - （1） 興人事件（東京地裁昭和52年7月1日決定 判例時報854号43頁） *33*
    - （2） 大和銀行事件（大阪地裁平成12年9月20日判決 商事法務1573号4頁、判例時報1721号3頁） *34*
    - （3） ダスキン事件（大阪高裁平成18年6月9日判決 資料版商事法務268号74頁） *35*
    - （4） 監査役の対応についての考察 *37*
    - （5） 春日電機事件（東京地裁平成20年11月26日、同20年12月3日決定） *40*
3. **トライアイズ事件** *42*
    - （1） 最近の監査役に関する報道記事 *42*
    - （2） トライアイズの元監査役の活動 *43*
    - （3） 今後の傾向 *49*
4. **監査役のコーポレート・ガバナンスへの強い関わり** *49*
5. **監査役の活動と弁護士・会計士等の協力** *51*
6. **監査費用の支払いの仕方（弁護士への支払いをどうするか）** *53*
7. **監査役に求められる助言機能** *54*
8. **人的リスクマネジメントと性弱説の視点** *55*

第3章
株主代表訴訟と監査役による提訴 —— 59

1. **監査役による法的対応** *59*
2. **株主代表訴訟** *59*
3. **監査役が訴えられる場合** *60*
    - （1） 監査役の権限 *60*
    - （2） 株主代表訴訟 *60*
4. **監査役のみが訴えられた事例** *61*
    - （1） 事案の概要と原告の主張 *61*
    - （2） 裁判所の判断 *62*
    - （3） 被告としての対応 *62*

（4）予想される訴訟　*62*
5. 取締役と監査役が一緒に訴えられた事例　*63*
　　（1）ダスキン代表訴訟（大阪高裁平成18年6月9日判決）　*63*
　　（2）大和銀行代表訴訟（大阪地裁平成12年9月20日判決）　*63*
　　（3）監査役の主張と裁判所の判断（ダスキン事件）　*64*
　　（4）監査役の主張と裁判所の判断（大和銀行事件）　*64*
6. 監査役が取締役を訴えた事例①（春日電機事件）　*66*
7. 監査役が取締役を訴えた事例②（昭和ゴム事件）　*66*
　　（1）監査役による2つの訴訟提起　*66*
　　（2）事案の特殊性　*67*
8. 提訴請求対応と監査役の意見の不一致　*71*
　　（1）提訴請求書　*71*
　　（2）提訴請求後の監査役の対応　*71*
　　（3）監査役間の意見の不一致　*73*
9. 提訴後の対応　*74*
　　（1）株主代表訴訟と訴訟上の和解の可否　*74*
　　（2）監査役提訴の場合の和解の判断　*74*
10. 勝訴判決と回収　*74*
　　（1）株主代表訴訟の原告勝訴と回収　*74*
　　（2）会社による回収　*75*
　　（3）回収不能の判断　*75*

第2編
監査役の危機対応

第4章
監査役の職務・権限・義務・責任 ── 79

1. **監査役が身につけておくべき法知識** 79
2. **監査役の職務** 79
    - (1) 監査役の職務(役割) 79
    - (2) 会計監査と業務監査 80
    - (3) 適法性監査と妥当性監査 84
3. **監査役の権限** 84
    - (1) 調査権限 85
    - (2) 報告権限 87
    - (3) 是正権限 88
    - (4) 監査役及び会計監査人の地位に関する権限 93
4. **監査役の義務** 96
    - (1) 善管注意義務 96
    - (2) 取締役・取締役会への報告義務 97
    - (3) 取締役会出席義務・意見陳述義務 97
    - (4) 監査報告作成義務 98
    - (5) 株主総会への報告義務 99
    - (6) 株主総会での説明義務 101
5. **監査役の責任** 103
    - (1) 会社に対する責任 103
    - (2) 第三者に対する責任 107

第5章
監査報告の意義・分析・実例 ── 109

1. **監査報告の概要** 109
    - (1) 監査報告の意義 109
    - (2) 監査報告の手続 110

(3) 監査報告の種類　*113*
2. 監査報告の内容の検討　*115*
　　　(1) はじめに　*115*
　　　(2) 監査報告の内容－総論　*115*
　　　(3) 機関設計ごとの監査報告　*116*
3. 日本監査役協会が提供する監査報告のひな型の意義　*121*
4. 内部統制システムに関する監査報告　*122*
　　　(1) 内部統制報告書の監査について──総論　*122*
　　　(2) 内部統制報告書の監査報告の作成　*123*
　　　(3) 内部統制報告書に関する監査報告の実例と検討　*126*
5. 不祥事発生時の監査報告　*139*
　　　(1) 不祥事への対応策　*139*
　　　(2) 不祥事に関する監査報告の実例　*140*
6. まとめ　*148*

第6章
企業不祥事が起きたときの監査役の心構え ─── *149*

1. 監査役にとっての危機対応の知識の重要性　*149*
　　　(1) 監査役に危機対応の知識が必要な理由　*149*
　　　(2) タイレノール事件の検討　*149*
2. 業務執行側は問題発生時にどのように対応すべきか　*152*
3. 業務執行側はどのような場合に記者会見をすべきか　*153*

第7章
監査役を巡る紛争例 ─── *156*

1. 監査役の責任　*156*
2. 大和銀行事件判決（大阪地裁平成12年9月20日資料版商事法務 199号 248頁）　*157*
　　　(1) 事案の概要　*157*
　　　(2) 判決理由の要旨　*162*
3. ダスキン事件判決　*166*
　　　(1) 事案の概要　*166*

(2) 判決理由の要旨　*173*

4. **ライブドア株主損害賠償請求事件（東京地裁平成21年6月18日判例タイムズ1310号198頁）**　*179*
   (1) 事案の概要　*179*
   (2) 判決の要旨　*180*

5. **大原町農協事件判決（最高裁平成21年11月27日第二小法廷判決、破棄自判）**　*183*
   (1) 事案の概要　*183*
   (2) 判　決　*184*

6. **株式会社足利銀行の事例**　*190*
   (1) 事案の概要　*190*
   (2) 和解の内容　*191*

7. **現在係属中の訴訟**　*191*
   (1) 株式会社レックス・ホールディングス　*191*
   (2) 株式会社アーバンコーポレイション　*192*
   (3) 三洋電機株式会社　*192*

8. **監査役を巡る最近の動き**　*192*
   (1) 株式会社ニチロ　*192*
   (2) 株式会社荏原製作所の社外監査役　*196*
   (3) 春日電機株式会社　*199*
   (4) 株式会社京樽　*203*
   (5) 昭和ゴム株式会社　*203*

[凡 例]

会社法	会
会社法施行規則	会施規
会社計算規則	会計規
民法	民
商法	商
旧商法	旧商
旧商法特例法	旧商特
旧証券取引法	旧証取法

＊なお、文中の参照法令は、例えば、会社法第390条第2項第一号は 会390②一 と表記してあります。

第1編

監査役を巡る今日的課題

第1章　監査役の本当の役割

第2章　監査役の使命と
　　　　コーポレート・ガバナンスとの関わり

第3章　株主代表訴訟と監査役による提訴

第1章

監査役の本当の役割

1. 監査役の社会的価値

(1) 監査役に社会的な価値はあるのか？

　従来の監査役は、"閑散役"と陰口を叩かれ、単なるお飾り的存在として捉えられ、社会的な価値がないものとされてきた。現在でも、本音では、監査役が社会的な価値をもっていると思っている向きは少数派だと思われる。経営者優位の企業社会の中で、監査役がものを言うことを望ましいと考える者は少ないからである。

　しかし、2008年9月のリーマン・ショック以降の金融危機、経済危機の原因は、企業に対するガバナンスが不十分な点にあるという考え方が台頭している。それ以前からも不祥事は少ないとはいえず、企業経営に対するガバナンス強化の流れが作られていた。その典型が、米国によるサーベンス・オクスリー法であり、日本における金融商品取引法による財務報告に係る内部統制の問題である。

　しかも、最近、まっとうな機関投資家が"ものを言う株主"となり、経営者に対するガバナンス強化をし、かつ、政府等への働きかけをして、ガバナンスの強化策をとるように要望するようになった。その流れの中で、東京証券取引所（以下、「東証」）は、社外役員の独立性の義務化を図る方向に舵を切っている。さらに、金融庁は開示府令を改正し、ガバナンス体制を強化する意図で役員報酬の個別開示、議決権行使結果の開示等のディスクロージャーを広く要求するようになった。

　加えて、2009年に政権交代が行われ、与党となった民主党のプロジェクトチームから「公開会社法」の提案がなされ、監査役機能の強化を図ることの

方向性が示唆されている。その中で、最も注目を集めているのが、従業員代表から監査役を選任する案である。この案のように、従来の上場企業における実務からは受け入れがたい案でも、日本労働組合総連合（以下、「連合」）を重要な政権基盤とする民主党の政権下では、実現の可能性があるものとなっている。

このような一連の時代の流れは、取締役である経営者に対するガバナンス機関である監査役の機能に対し、大きな影響を与えることになる。すなわち、経営者に対する監査役のガバナンスは、監査役が経営者に実質支配される閑散役イメージを払拭し、社会が期待する実効性ある経営監視をする大久保彦左衛門的なイメージの方向性を持つことになる可能性がある。実際、最近の監査役には、まだまだ少数派ではあるが、大久保彦左衛門的な人たちが登場してきている。その背景には、監査役の社会的価値を確立すべく、「責任のとれる監査役」を標榜している日本監査役協会の影響があることも確かである。

以上のような時代の流れからすれば、監査役は、社会から監査役としてのガバナンス機能を強化するように期待される存在となる。それは、社会から見れば、監査役に社会的価値のある存在となることを期待していることを意味する。

(2) 監査役が社会的価値ある存在になるには

監査役が社会の期待に応え、社会的価値のある存在となるには、次の2点をしっかり認識することが重要になる。

1つは、監査役自身、監査役に社会的価値があることを認識する必要がある点である。そのためには、監査役の社会的価値とは何かを、まず理解する必要がある。このような認識と理解がなければ、監査役は自らの社会的価値を否定し、社会の期待に応えられない存在となるだろう。そのような監査役が多数派を占めれば、ガバナンス強化を求める時代の要請によって、最終的には、従来の監査役制度を抜本的に変えられるか、委員会設置会社が中核に置かれて監査役制度が廃止されるか、という事態を招くことになろう。

2つは、経営者は、監査役の社会的価値を正しく認識し、それを受け入れた経営をする必要がある点である。監査役の社会的価値が確立する道筋は、監査役のガバナンスを受ける経営者が監査役の社会的価値を認めるかどうかによって大きく異なるからである。
① 　1つの道筋は、経営者が監査役の社会的価値を認める対応をしてくれる場合である。この場合には、経営者との協力関係の中で、監査役のガバナンスが実際に機能し、その結果、監査役に対する社会的評価が確立する。
② 　もう1つの道筋は、経営者が監査役の社会的価値を認めず、監査役によるガバナンスを実質上受け入れない場合である。この場合には、監査役は、経営者との対立状態の中で、監査役のガバナンス機能を発揮し、それによって企業価値を維持ないし向上させる実績を作ることで、社会的評価を確立する必要がある。

　監査役に社会的価値があるかどうかは、法律等の社会的規律ないし社会的期待だけでは確立するものではない。むしろ、監査役の社会的価値は、最終的には、監査役の社会的価値を自覚した監査役の自助努力によって確立するものである。つまり、監査役の社会的価値は、誰かが与えてくれるものではなく、監査役自らが獲得すべきものなのである。換言すれば、監査役に価値があるかどうか、その価値が高いか低いか、それは、監査役自らが決めることなのである。
　監査役に社会的価値があるかどうかは、会社の中の機関としての監査役の位置づけからすれば、社会的な意味における会社の存在理由から導かれるものである。そのため、以下に、①会社の存在理由は何か、②その存在の永続性が求められる場合の重要な要素は何かを述べることにする。さらに、③監査役の価値はガバナンス機能に由来するものであるから、ガバナンスとは何か、ガバナンスの目的である経営の効率性と経営の健全性の内容及びその関係等も述べることにしたい。最後に、④監査役の社会的価値の確立の道筋と

の関係を述べることにしたい。そのために、経営者の役割と監査役の役割との関係について述べることにする。

2. 会社の存在理由

　会社の存在理由は、社会の人々をより良くすることである。会社は社会的存在である。そうであれば、会社は、社会の人々から受け入れられなければ存在できないから、社会の人々から受け入れられる理由が会社の存在理由となる。したがって、社会の人々に受け入れられるために、社会の人々をより良くすることが会社の存在理由となる。

　会社は、各々、創業の精神や経営理念によって示される会社の存在理由をもっている。この創業の精神や経営理念は、通常、社会の人々をより良くすることを、当該会社の具体的事業との関連で示している。換言すれば、創業の精神や経営理念は、具体的事業を通して、社会の人々をより良くすることについての志を示したものである。

　会社の存在理由である創業の精神や経営理念は、経営の原点であり、本来的には、経営の実践の上では極めて重要な機能をもっている。特に、会社が危機に陥ったときには、その危機を脱する際の基点となり得る。会社が危機のときには、会社の存在理由が危機に晒されているのであり、同時に、その危機を乗り切るには、経営者と従業員の一致した危機脱出への熱意が重要であるが、その際に唯一絶対の基準となるのが経営の原点である創業の精神であり、経営理念だからである。

　通常、危機感をもって、創業の精神ないし経営理念に忠実に経営をしているのであれば、会社に危機が訪れることは少ない。たとえ、会社に危機が訪れたとしても、経営者と従業員の全体に創業の精神ないし経営理念が唯一絶対の基準となれば、何をすればいいかについて、迷うことなく、迅速にやるべきことがわかる。その対応の早さ、的確さによって、いち早く危機を脱することができるからである。

　それに反して、創業の精神ないし経営理念に忠実な経営をしてない場合に

は、危機を招きやすいし、容易に、危機から脱出できない可能性がある。経営理念を活用した経営をしていない会社では、問題が生じたときに、その問題に対する捉え方が役員の各々の立場で異なり、何が問題なのかの捉え方やそれに対する対応方法について、なかなか役員間で意見の一致を見ないことが多い。そのため対応が遅くなり、顧客のクレーム、マスコミの批判、当局による監督権の発動を招き、さらに、社会的信頼を失うことになりがちになるからである。その結果、招かなくてもいい危機を招き、あるいは、なかなか危機から脱出できないことにもなるのである。これは、様々な具体的な事例から想像できることである。

　その意味では、会社の存在理由をしっかり理解し、それを経営の実際に生かすことが重要になる。監査役の役割は、ガバナンス機能を活用することで会社に貢献することであるから、法律上の権限を超えた面はあるが、会社の存在理由である経営理念を基準としたガバナンス機能を果たすことは有益である。すなわち、これは、適法性を超えた適正性のガバナンスであるが、いずれも、基準を具体的問題の解決に当てはめるという法律的な思考方法を使うことであり、法律的思考によって適法性を判断する監査役の基本的な発想法を活用する点で、監査役の機能の活用に適するものがある。

　その意味では、会社の存在理由の効用を知ることは、監査役のガバナンス機能の活用の余地を拡大することになる。日本の最大の資源は人材と技術だと言われているが、監査役のガバナンスにおいても、同様のことが言える。監査によるガバナンスの最大の資源は、人材としての監査役と監査役がもつ法律的思考力を含む技術である。

3. 永続的成長のための要素

　会社を法律的に考えると、会社は営利法人であるから、会社は利益を上げ、その利益を出資者に配分する組織だということになる。それに対し、会社の存在理由から考えると、会社は社会の人々をより良くする組織であり、そのために、社会から永続的成長を期待される存在であることになる。まず、会

社について社会的な捉え方をするべきなのは、会社の永続的成長を図る役割をもつ経営者であり、そのような経営者をガバナンスすべき監査役も、このような捉え方を理解する必要がある。

では、会社の永続的成長に必要な要素は何か？

会社は商売をする組織であるが、商売についての永続的成長の原理原則があるとすれば、それは普遍的であるがゆえに、時空を超えて、会社の永続的成長を理解することに役立つと思われる。その視点から、会社の永続的成長の要素を考えてみたい。

(1) 近江商人の商売の秘訣

近江商人の商売の秘訣は、「三方良し」だといわれている。「三方良し」とは、次のような内容になっている。

「売り手良し、買い手良し、世間良し」

これは、誰かが勝って誰かが負けるという競争原理に立つというよりも、皆が利益を享受できる共生の原理に立っている考え方である。現代風に言えば、「ウィン・ウィン」の関係を重視した発想というべきである。換言すれば、商人が社会的責任を果たすことを重視した考え方でもある。

競争原理は、勝者が大きな利益を獲得するという利益重視の発想が土台になっている。つまり、利益を獲得するという人間の欲を活用して社会の進歩を図るという発想である。そのため、競争原理が資本主義の経済構造の基本となり、それが、会社は営利法人だという法律の捉え方に反映することになる。

このような競争原理で資本主義経済体制は進歩発展してきたのは確かである。ところが、この競争の原理は、会社に利益をもたらす社会構造を看過している面がある。会社が利益を得るには、社会構造を考えると、次のような経過をたどるものである。

> 会社の商品の提供→顧客の信頼→商品の購入→会社の利益

　つまり、会社は商品を提供すれば、直ちに利益を得るわけではない。会社が利益を得るには、提供した商品を顧客に購入してもらう必要があり、その購入のためには、顧客が商品・会社を信頼することが必要となるからである。つまり、会社が利益をあげるには、顧客の信頼、換言すれば、社会の人々の信頼が出発点になるのである。つまり、社会の構造からすれば、利益の源泉は社会の人々の信頼なのである。

　「三方良し」は、社会の人々の信頼を重視した考え方を示しているが、近江の地を離れて地縁・血縁のない遠隔地での商売を成功させるために、いかに、社会の人々の信頼が大切であるかを的確に示したものである。

(2) 信　頼

　信頼が利益の源泉であることは、「儲」け、という漢字からも読み取れる。「儲」という漢字は、「信」と「者」で成り立っている。つまり、「儲」という漢字は、社会の人々が信者になること、信頼してくれることで得られるものだ、という意味なのである。

　「儲」という漢字は、社会の構造から見て、利益の本質的な源泉が社会の人々の信頼にあることを言い当てている。換言すれば、利益の本質は、次のような中国の古典（「春秋左氏伝」昭公の条）の言葉として表現される。

> 「義は利の本なり」

　反対に、利益を求めることが社会の人々の怨みを買い、利益を失うことになることを論語は教えている。

> 「利によって行えば怨み多し」

　この点に関して、安岡正篤師は、次のように解説している（同師著『論語の活学』146頁、プレジデント社）。

「みな利を追って暮らしておるが、利を求めてかえって利を失い、利によって誤られて、際限なく怨みをつくっておる。それは『利とは何ぞや』ということを知らぬからである。『利の本は義である』ということを知らぬからである。（中略）
　したがって本当に利を得んとすれば、『いかにすることが義か』という根本に立ち返らなければならない。これは千古易（か）わらぬ事実であり、法則である。」

　義が利の源泉であることは時空を超えた法則である、という力強い解説になっている。2008年9月のリーマン・ショック以降、金融危機、経済危機が起こったが、この結果から見れば、「利を求めてかえって利を失った」ことが分かる。その結果、この危機を生んだ金融機関は社会から怨みを買い、それに背中を押されるように、米国のオバマ大統領は、厳しい金融機関の規制をすることを発表した。まさに、「利によって行なえば怨み多し」の言葉どおりのことが現実になったのである。その意味では、「義は利の本なり」という言葉は、万代不易の法則であるといえよう。

　義とは何かはよくよく考えていかなければならないが、一般的には、道徳であり、人の道ということになる。ただ、商売の実際からすれば、義とは、社会の人々をより良くすることであると理解することができる。このような意味での義を実践して商売することが社会の信頼を生み、それが良い成長をもたらす良い利益を得ることにつながるからである。

　このように、義を、社会の人々をより良くすることであると理解すると、義は、各々の会社の経営理念に示されている社会的使命を果たすことと同義となる。つまり、各々の会社の社会的使命である本業によって社会の人々をより良くすることが義なのである。言い換えれば、各々の会社の経営理念を具体的経営活動にどのように反映するかが、義なのである。

　その意味では、経営理念なくして利益はないのであり、経営理念なくして永続的成長はないのである。すなわち、経営理念なくして経営はないことに

なる。その意味では、経営理念を具体化することが経営の本義であるともいえよう。それは、経営理念を憲法のような唯一絶対の基準とし、それに基づいて経営方針を立て、会社の全体の行動を統一することこそが「経営」と呼ぶべきものだといえる。

(3)「良い成長」「良い利益」

会社の永続的成長という視点から実践的に経営を考える場合には、次のような区別が必要となる。

① 成長には、「良い成長」と「悪い成長」との区別がある。
② 利益には、「良い利益」と「悪い利益」との区別がある。

会社が永続的成長をするには、経営の実践として、「良い成長」に意識を集中して経営する必要がある。反面、「悪い成長」をリスクと捉え、そのリスクを回避する経営をする必要がある。そのため、「良い成長」をするために「良い利益」を求め、他方で、「悪い利益」をリスクと捉え、そのリスクを回避する経営をする必要がある。

この点に関して、ドラッカーは、次のように述べている（P. F. ドラッカー著『実践する経営者』28頁、ダイヤモンド社）。

> 「量の増大は成長ではない。質を分析しなければならない。量の増大の多くは幻想である。量の増大が成長であるのは、生産資源つまり資金、資源、人材の生産性が高まるときだけである。そして、量の増大が全体としての生産性の向上につながる健全な成長であるとき、それを支えるのが経営者の役目である。」

ドラッカーによれば、経営資源であるヒト・モノ・カネの生産性が高まるかどうかで、「健全な成長」であるかどうか、つまり、良い成長か悪い成長かが区別されるのである。それは同時に、生産性が高まるかどうかに関連するかどうかで、「健全な利益」であるかどうか、つまり、良い利益か悪い利

益かが区別されることになる。

　社会の人々をより良くするという視点から、この区別を考えてみたい。良いか悪いかの区別を経営資源の生産性を高めることに置くとすれば、社会の人々をより良くするために、経営資源を適切に配分した結果、得られた利益が良い利益であり、その結果、成長するのが良い成長なのである。

　では、独禁法違反によって利益を計上し、成長した場合はどう考えたらいいのか。独禁法違反をする場合には、経営資源を適切に活用して生産性を上げ、品質を良くし、あるいは原価の低減を図ることで、社会の人々をより良くすることで利益を上げたわけでもなく、成長したわけでもない。むしろ、独禁法違反をする場合には、経営資源を品質の向上や原価の低減に振り向けないのであり、経営資源を生かした生産性の向上から目を背けているのである。したがって、独禁法違反による利益や成長は、経営資源の生産性を向上することによる良い利益・良い成長ではなく、むしろ、経営資源の生産性を低下させる恐れのある悪い利益・悪い成長なのである。

　ドラッカーが指摘するとおり、経営者の役割は、経営資源を適切に配分して生産性の向上に向かわせることで、良い利益を獲得し、良い成長を図ることにある。そうだとすれば、会社の永続的成長についてガバナンスすべき監査役は、経営資源の適切な配分を怠り、独禁法等の法令等に違反することを阻止すべき役割があるのである。

　それは、監査役が「良い利益」・「良い成長」のために果たすべき役割なのである。

4. コーポレート・ガバナンスとは何か

(1) 経営の効率性と経営の健全性

　コーポレート・ガバナンスの内容には、次の2つがある。

① 経営の効率性
② 経営の健全性

経営の効率性とは、いかに利益を上げ、いかに成長するかという「利益」や「成長」に関するものである。

それに対し、経営の健全性とは、いかに法令等を遵守するか、いかに社会の人々に信頼されるかという「法令等の遵守」や「社会の信頼」に関するものである。

ここでは理解の便宜のために、以下のとおり、キーワードを使うことにしたい。

① 経営の効率性のキーワード…利益または成長
② 経営の健全性のキーワード…法令等遵守または社会の信頼

(2) 両者の関係

この両者の関係の捉え方は、大きく分けると2つある。

① (車の) 両輪論
② (経営の) 健全性優先論

両輪論は、利益も法令等の遵守も共に重要であり、両者の関係は、車の両輪のようなものだという捉え方である。社長の訓示としていうのであれば、次のような言い方となる。

「法令等に絶対違反してはならない。コンプライアンス重視は社会が強く要請するところであるから、法令等を遵守しなければならない。でも、売上げを増加させないと当社は存続も成長もできないから、収益を上げることも絶対に忘れてはならない。」

健全性優先論は、法令等に違反してまで収益を上げることは許さないという健全性が効率性に優先するという捉え方である。社長の訓示とすれば、次のような言い方となる。

「収益を上げることは当社の成長には重要である。だからといって、法令等に違反してまで収益を上げることを当社は許さない。そのような収益は、短期的には当社のためになるように見えるが、長期的に見れば、当社の永続的成長の妨げとなるからである。」

　談合の例を使って、いずれの捉え方が会社の永続的成長にとって役に立つのかを考えてみたい。業界として、談合に加わらないと収益を上げられず、他方で、談合に加われば法令に違反するほかない場合であるとする。この例は、収益と法令等の遵守が両立しない場合である。この場合に、両輪論では答えを出せない。両輪論は、収益と法令等の遵守が両立する場合を前提とするからである。その結果、現場は、社長の訓示を忘れ、収益を上げることを考えることになる。つまり、社長の訓示は、法令等の違反のある場合に機能しない実効性のないものとなる。とすれば、この訓示は改善の必要がある。この訓示は、実際的に見えるが、実は、重要なところで実際的ではないのである。

　健全性優先論だと、答えは迷いなく簡単に出てくる。法令等の遵守が優先するから、談合に加わっていけないことが明白だからである。つまり、社長の訓示は、法令等を遵守させる上での実効性を発揮することになる。

　その意味では、健全性優先論は、理想論のように見えるが、重要な場面でしっかり機能する実際的な捉え方である。他方で、法令等を遵守することばかり考えていると、厳しい現実からすれば、収益を上げるチャンスを失い、企業が衰退するという現実派からの批判があるかもしれない。この批判は、現実の社会を見れば、一面の真理があるように見える。

　しかし、歴史的な教訓からすれば、法令等に違反し、社会の人々の信頼を失ってしまっては、永続的成長を望むほうが無理である。歴史的に見て、組織の衰退は腐敗、換言すれば、倫理の衰退から始まるのであるから、収益のために法令等に違反することを認める倫理の衰退は、組織の衰退の兆候を示すものに他ならないからである。

現実の社会での錯覚は、現実に起こっている現象に拘泥しすぎることから起こるものである。赤信号皆で渡れば怖くない、という発想の人が多い時代にあっては、法令等に違反するのが多数派であるため、法令等に違反することによって収益を上げるのが現実的に見えるものである。その現実というのは、法令等の違反は摘発されないという前提つきのものである。そのため、時代の変遷で、倫理の退廃を払拭する時代の要請が強くなり法令等の違反が摘発されるようになれば、従来の前提が崩れ、法令等の違反は組織の衰退を招くようになるものである。その意味では、現実的なものが実は非現実的なものであることになる。時代の変遷期にある現在は、このような本質的な捉え方が必要である。

　他方で、理想的といえるものは、特に時代の変遷期では現実的なものとなるものである。原理原則を基礎にする理想論は、時空を超える普遍性を有するから、いかなる時代になっても、その時そのときに適応できるものだからである。しかも、人間や組織の本質を基にした原理原則は、本来、実用的であり、判断の基準として明確である。具体的事案において判断する際には迷いがなく、迅速に判断を招来する。同時に、原理原則を根っこにするから、常に判断は一貫したものとなるため、社会の人々の信頼を得られるものでもある。理想論は実学的に見れば、これほど現実的なものはないのである。人間学を基礎にした経営は、目に見える現実を見つつ、他方で、それを超越した目に見えない原理原則を捉え、それによって現実への対処をすることで、時空を超えた永続的成長を会社にもたらすものなのである。

　普遍的原理原則を基礎にする経営の健全性は、普遍的な意味で経営の効率性の基礎となり、それに優先すべきものなのである。そのことを率直に表現すれば、次のようになる。

　「経営の健全性なくして、経営の効率性はない。」

(3) 経営の健全性を重視すべき決算数値による裏づけ

　まず、以下に、実際の上場企業をモデルにした簡略版の損益計算例を示す。その数値を用いて、経営の健全性が経営の効率性に決定的な影響を与えることを説明するためである。このことによって、監査役は、自分の役割がいかに大きな意味を持っているのかを理解することができる。

　売上高　　　　1,000
　経費　　　　　▲975（経費率97.5％）
　税引前利益　　25（税引前利益率2.5％）
　税金　　　　　▲10（25×40％）
　税引後利益　　15（税引後利益率1.5％）

① 売上高と税引前利益・税引後利益とのレバレッジ関係
　ⅰ）売上高は、税引前利益の40倍
　　　売上高　　1,000 ＝ 税引前利益25×40倍

　税引前利益25を計上するには、その40倍の売上高が必要である。そうであれば、税引前利益と売上高との間には、梃子の原理によるレバレッジの関係がある。このレバレッジ関係は、経営資源の適切な配分を考える場合に重要な意味をもっている。

　ⅱ）売上高は、税引後利益の67倍
　　　売上高　　1,000 ≒ 税引後利益15×67倍

　税引後利益15を計上するには、その67倍の売上高が必要である。そうだとすれば、税引後利益と売上高との間には、梃子の原理によるレバレッジの関係がある。このレバレッジ関係は、経営資源の適切な配分を考える上で、重要な意味をもっている。

　従来の日本の会社では、経営資源の配分は、経常利益を基準に考えていたように見える。すなわち、経営資源の配分の対象は、損益計算書を見た場合に、経常利益に至る段階で計上されるものを対象とし、経常利益の後に計上

される特別損失と税金を対象としていなかったからである。そこで、以下に、特別損失・税金と売上高との関係を捉えることで、特別損失・税金の経営の効率性に関する位置づけを明らかにすることにする。

② 特別損失（損金算入される）10の意味

　　税引前利益　　15（本来の税引前利益25－特別損失10）
　　税金　　　　　 6（税引前利益15×40％）
　　税引後利益　　 9（税引前利益15－税金 6 ）

　特別損失10は、税引前利益を10減少させ、それに伴って税金も減少させるが、税引後利益を 6 減少させることになる。
　この税引後利益を 6 減少させることの意味は何か？
　税引後利益の 6 は、売上高とのレバレッジ関係から見ると、次のようになる。

税引後利益の減少 6 ≒ 売上高402（税引後利益 6 ×67）の喪失
売上高402に必要な経費 ≒ 392（402×0.975）の無駄

　以上のように、特別損失10で税引後利益が 6 減少した場合には、その67倍の402の売上高を喪失したに等しい。同時に、402の売上高を上げるために必要な経費の392を無駄にしたに等しい。
　ということは、法務部門、内部監査部門、監査役室等に経営資源である人材と活動資金を適切に配分していれば、そうしていなかったがために顕在化した特別損失をなくすことができ、あるいはその額を小さくすることができた可能性がある。そうであれば、特別損失から生じる税引後利益と売上高のレバレッジ関係からいえば、経営の健全性を図ることが経営の効率性を高める意味をもつことになる。

17

③　課徴金（損金算入されない）10の意味

税引前利益　　15（本来の税引前利益25－課徴金10）
税金　　　　　10（〔税引前利益15＋課徴金10〕×40％）
税引後利益　　 5（税引前利益15－税金10）

　以上のように、課徴金10は、課徴金がない場合の本来の税引前利益に影響を与えないが、課徴金は税法上損金算入されないので、税金計算上の課税対象額を10増加させることになってしまう。その結果、税引後利益を10減少させることになる。では、課徴金の10が税引後利益を10減少させる意味は何か？
　ここでも、税引後利益10の減少は、売上高等の関係から見ると、次のように考えることになる。

税引後利益10減少＝売上高670（税引後利益10×67）の喪失
670の売上高に必要な経費≒653（670×0.975）の無駄

　以上のように、損金算入されない課徴金10で税引後利益10が減少した場合には、売上高の670を喪失したに等しいものとなる。同時に、売上高670に必要な653の経費を無駄にしたことになる。損金算入されない課徴金を課されることの意味は非常に大きなものがあるのである。
　そうであれば、課徴金の原因となる法令違反を事前に防止するために、経営の健全性を確保する部門である法務部門、内部監査部門、監査役室の充実を図り、そのような部門に適切に人材と資金を配分する経営戦略が必要になる。つまり、経営の健全性を図ることが経営の効率性を高めることになるのである。このことを、適法性監査をする監査役は十分に理解する必要があるだろう。

④　適正な税額10の軽減を図ることの意味
　適正に税額10を軽減すると、税引後利益が10増えることになる。その意

味を考えると次のようになる。

　税引後利益10の増加＝売上高670（税引後利益10×67）
　通常の売上高670に必要な経費＝653（売上高670×0.975）
　税額軽減のための経費　　0.5

　社会が相当だと認める方法で、税額10を軽減したとすると、税引後利益が10増加するが、それは、売上高を670高めたことに等しい。そうだとすると、本来、670の売上高を上げるには、653の経費がかかるはずのものである。

　ところが、適正に税額10を軽減するために要した弁護士・税理士等への支払いが0.5だとすると、同じ10の税引後利益を計上する場合でも、通常の売上高を計上するのと税額を軽減するのとでは、経営の効率性の観点からいえば、極めて大きな差異が生じる。すなわち、通常の場合には、653かかる経費が、税額軽減の場合には、たったの0.5しかかからないから、経営資源の効率性の観点からいえば、次のような差異が生じるのである。

653÷0.5＝1,306倍

　このように考えると、社会的に非難されない適正な税額軽減を図るために、税務に関係する経理部門、法務部門、内部監査部門、監査役室等に、経営資源である人材と資金を適切に配分することが経営の効率性を高めることは明らかである。

　特に、多数の税務相談・税務訴訟を担当している当事務所での経験上いえることであるが、日本の会社では、億単位の納付する必要のない税額を納付していることが多いのである。これは、経営の効率性を著しく低減するものであり、これに対処するためには、税務リスク管理に人材（外部人材を含む）と資金を投入すべきである。この税務リスク管理は、税務に関する適法性の問題であり、同時に、経営の効率性を高める相当性の問題と強くつながる問題でもあるので、内部統制の要というべきものであり、監査役はこの点につ

いての正しい認識をもつ必要がある。

5. 経営者の役割

　日本の多くの会社では、取締役には、経営者である面と経営者を監視する面があるが、この両面の役割をこなすには、経営とは何か、経営者の役割とは何か、経営者を監視する意味はどこにあるのかについて理解する必要がある。

　このような取締役を、監査役が適切に監視するには、経営とは何か、経営者の役割は何か、経営者の監視をする意味はどこにあるのかについて理解する必要がある。そこで、ここでは、経営者の役割について述べることにする。

　経営者は、社会の人々をより良くする固有の社会的使命をもった会社に、その使命を果たさせることで、会社を永続的に成長させる役割をもっている。そのため、経営者は、会社固有の社会的使命を果たす目的を常に掲げ、その目的を果たすために、法令等の遵守・社会による信頼という経営の健全性の基礎を根付かせ、その上に、利益・成長に関する経営の効率性を追及する役割を担う。

　これは、経営者が志に根ざす自律的経営をする役割を担うことであり、同時に、会社に永続的成長をもたらす自律的内部統制を行う役割を担うことを示すものである。要するに、法律等の他律的な規律から支配されず、むしろ、その他律的な規律を受け入れ支配するという自律的経営を目指す役割が経営者にはあるということである。

　この自律的経営こそが会社に永続的成長をもたらす経営であり、この自律性の元になる会社の固有の社会的使命を自覚した経営をすることが経営者の本当の役割なのである。換言すれば、経営者自身が会社の固有の社会的使命を基礎に自助の精神をもち、経営幹部・従業員にも自助の精神を根付かせること、つまり、内部統制でいうところの統制環境を整備することが経営者の最大の役割なのである。

　このような経営者の最大の役割を認識するには、サミュエル・スマイルズ

著『自助論』(竹内均訳・三笠書房) が役に立つ。鳥飼重和著『豊潤なる企業―内部統制の真実』(清文社) は、内部統制の主役であるべき経営者が内部統制の本質を知るために必須の本であるが、その中で、『自助論』の紹介に多くの頁を割いている。それは、自助の精神が会社の永続的成長の基礎となるものであり、自律的な経営管理が真の内部統制であることを示すためである。

言い換えれば、自律的経営が永続的成長のために必須であり、したがって、ガバナンスも自律的であることが本質的なもので、他律的なガバナンスは、自律的ガバナンスを補強する点に存在意義があるのである。

この点に関して、理解を深めていただくため、『自助論』及び『豊潤なる企業』から、経営者の最大の役割を認識すべきところを取り出すことにする。以下の文章に、経営の真髄が隠されている。

「自助の精神は、人間が真の成長を遂げるための礎である。
　自助の精神が多くの人々の生活に根づくなら、
それは活力にあふれた強い国家を築く原動力ともなるだろう。」

これは、『自助論』の一節であるが、会社の構成員である経営者・経営幹部・従業員に自助の精神が根付いたら、強い会社を築くことができることを示している。自助の精神を根付かせることこそが経営者の最大の役割である。つまり、経営者が自律的に率先して統制環境を整備することが経営者としての最大の役割なのである。

「いつの時代にも、人は幸福や繁栄が自分の行動によって得られるものとは考えず、制度の力によるものだと信じたがる。だから『法律をつくれば人間は進歩していく』などという過大評価が当たり前のようにまかり通ってきた。(中略)
　だが、どんなに厳格な法律を定めたところで、怠け者が働き者に変わったり、浪費家が倹約に励みはじめたり、酔っぱらいが酒を断ったりするはずがない。」

この文章も、内部統制の本質を突いている。法律的な規律を受身で受け入れ、社内規定を設けるのもいいが、それは付属品であり、最も重要な点は他にあることを示唆している。では、何をするのが本質的なのか。以下の文章がその答えである。

　「法律を変え、制度を手直ししたからといって、高い愛国心や博愛精神を養えるわけでもない。むしろ、国民が自発的に自分自身を高めていけるよう援助し、励ましていくほうが、はるかに効果は大きい。」

　会社の構成員の中に眠っている自助の精神を目覚めさせ、それを活性化することが経営者の重大な役割なのである。この点を自覚したのが、経営の神様といわれる松下幸之助氏である。会社固有の社会的使命を示す経営理念を従業員に向かって叫び続けることを経営者の役割として強調しているからである。これは、経営理念という志を従業員の心に訴えかけることによって、従業員の心に眠っていた自助の精神を目覚めさせようとしたのである。
　最後に、締めくくりの文章を紹介する。

　「すべては人間が自らをどう支配するかにかかっている。（中略）
　　国民の一人一人の人格の向上こそが、社会の安全と国の進歩の確たる保証となるのだ。」

　この『自助論』の文章を、前掲の『豊潤なる企業』では、自律的な内部統制との関係で言い換えをしているので、それを以下に紹介する。

　「すべては経営者・従業員が自らをどう支配するかにかかっている。
　　これこそが内部統制システムの構築・運用である。つまり、経営者・従業員の一人ひとりの人格が向上するような社風をつくり上げてこそ、企業の存続と永続的成長が確実になるのである。その意味で、内部統制システムの構築・運用は企業の存続と成長の確たる保証となるのだ。」

　この文章に、経営者の最大の役割が述べられている。自助の精神を忘れて

本物の経営はないのである。この本物の経営をするためには、経営者自身が自助の精神をもつ必要がある。経営者は、この人間の成長の原点に立ってこそ、真の経営者足り得るのである。このような真の経営者であれば、100年に一度の経済危機にも、動揺しないであろう。そして、危機の中に隠れている大きな成長の芽を発見し、未来の成長につなげることができるはずである。

6. 監査役の役割

　監査役が真の役割を果たすためには、監査とは適法性の監査だ、という法律的なところから入ってはならない。法律的な規律は重要であるが、その重要性を生かすためには、経営とは何か、経営者とは何か、取締役・経営者に対して監査をする意味はどこにあるのか、から入る必要がある。会社の永続的成長に必須の自律的経営をするには、取締役・経営者と監査役とで、自律的経営をすることについて共通の認識が必要だからである。

　経営とは何か、経営者とは何か、については既に述べた。経営・経営者に対して監査が必要なのは、監査自体が重要だからではない。重要な点は、経営者が真の役割を果たせるようにするために役に立つからである。これが「良い監査」であり、「良い成長」「良い経営」「良い内部統制」を離れてしまっては、監査役の役割はないのである。

　このように、監査役の役割は、本来、「良い成長」「良い経営」「良い内部統制」に貢献できるものであり、法律の規律面ばかりに焦点を当てれば足りるものではないのである。

　監査役がまず焦点を当てるべきは、会社の永続的成長の原動力となる自助の精神であり、それに基づく自律的経営である。経営者に自助の精神があり、その精神を従業員に広げ、社風となるようにすることが「良い成長」「良い経営」「良い内部統制」をもたらすものであり、それは自律的経営に他ならないからである。このことは同時に、監査役自身にも自助の精神が必要であること及び自律的経営を基本にすえた監査であるべきことに焦点が当たることになる。監査役が、「良い成長」「良い経営」「良い内部統制」による会社

の永続的成長について、監査役として貢献するには、会社の成長の原動力になる自助の精神を身につける必要がある。同時に、自律的経営を基本にすえた監査であるべきことを認識しなければならない。

　以上のような文章は抽象的であるため、単なる精神論で使えないといわれることがある。その批判は甘んじて受けるが、基本的精神は、人間の考える方向性を決めるという羅針盤的な機能を果たすものであることを忘れないでいただきたい。基本的精神という羅針盤によって考える方向性が決まり、その考え方の方向性から具体的な行動が決められ、その行動が実際の成果につながるからである。つまり、基本的精神は、羅針盤と同様、もともと、実際の成果を生み出すことを想定している極めて実践的なものなのである。換言すれば、基本的精神の中に、既に成果が含まれているのである。
　監査役の自助の精神という羅針盤は、その中に、会社の永続的成長という方向性が埋め込まれているのであり、その観点から、具体的事例において、監査役としての判断、行動が決まってくるものである。問題は、自助の精神という羅針盤を、具体的事例との関係において生かすような思考回路をいかに作っていくかということである。
　ある意味では、会社の永続的成長を図るための保証が自助の精神をもつことであるが、監査役は、会社の永続的成長を図るため自律的経営をすべき経営者の守護神として、永続的成長と結びついた自律的経営を基準に監査すべきである。すなわち、監査役は、永続的成長をもたらす社会の人々をより良くすることを具体化した経営理念を羅針盤として、あるいは憲法として、経営者による自律的経営を確保する役割をもつのである。
　この観点からすれば、監査役に必要なのは、基本的には自助の精神であり、独立性ではない。監査役が自助の精神で監査する場合に、経営者である取締役と適法性に関して対立が生じる場合があるが、その場合に、自助の精神から派生するものとして、独立性が問題になるのである。独立性には、そもそも対立を前提とする法律的観点が入っているが、自助の精神は、もっと本質

的な会社の永続的成長という社会的観点が入っているからである。

　一つの例をあげる。ある製品から事故が起き、クレームが来て、それが取締役会で問題になったとする。その事故が法律問題にならないものであった場合、監査役は一切議論に参加すべきではないのか。監査役の役割の法律的な面を重視して、適法性に関係しない問題であれば、監査は発言を控えるという考え方は成り立つ。

　しかし、監査役の役割も、本質的には、会社の永続的成長に寄与することにあるとすれば、法律問題にならない場合でも、会社の永続的成長に関連する場合には、取締役会での発言は許されてよい。製品による事故は、製品の品質にかかわり、会社の成長の基礎となる社会的信頼につながり、経営の健全性の領域に入ると同時に、その扱い方いかんによっては、売上げの減少につながるし、リコール等の特別損失に結びつく等の経営の効率性にも及ぶ問題になる。このような重大な問題が生じた場合には、自律的経営の観点からは、取締役である経営者が中心になって議論することは当然である。

　ところが、経営者である取締役の議論は、各々現業というものを背景にしているから、そこに立場ができ、その立場からの議論になる可能性がある。この各々の立場の違いは、そこに不毛の議論を生む危険性を孕んでいる。つまり、議論ばかりが華やかになり、迅速な経営判断ができない場合が起こり得る。また、各々の立場を背景にしている事情を知っているがために、各々の立場を慮って、会社の永続的成長のための経営判断ができない危険もある。

　このような場合には、監査役が、会社の永続的成長のために経営理念を議論の共通の基盤とするよう提言し、経営者であり、各々の立場をもつ取締役が経営理念という唯一絶対の基準で議論するように誘導すれば、初めから議論の方向性は決まり、会社に永続的成長をもたらす適切かつ迅速な経営判断をすることができるようになる。監査役の適法性監査における法律を基準にする論理的思考を取締役会に応用し、会社に永続的成長をもたらす経営理念を基準とした論理的思考をすればよいのである。唯一の具体的基準が立つと、それに具体的問題を当てはめれば、誰が判断者になっても、結論は常に同じ

になるのが論理的思考であるから、監査役は適法性監査の際にこの思考方法を使っているので、取締役会の議論を建設的な方向性に誘導することが可能となるのである。

この際の監査役の役割は独立性ではなく、むしろ、自律的経営のために経営者である取締役に共通の認識をもたせるという自律性が中心になるのである。その意味では、監査役が大きな役割を果たすために必要なのは、まさに自律性なのである。

ただ、誤解してはならないのは、本来、自律性が求められるのは経営者である。経営者が自律的な経営をしている場合には、監査役が口出しする必要はない。その意味では、監査役が自律性を発揮することは良い経営がなされていないことを示すものといえる面がある。そのことからすぐれた経営者像が見えてくる。それは自律性ある監査役を迎えながら、監査役に自律性を発揮させないような自律的経営をする姿である。

7. 時代の流れと監査役

(1) 監査役の法的責任は重くなる傾向が顕著である

最近は、大きく時代の流れが変わり、100年に一度の危機といわれる状況が常態化する傾向がある。そのため、米国のエンロンや日本のカネボウ等のように不祥事が原因で、あるいは不祥事を起こさなくても、米国のゼネラル・モーターズや日本の日本航空等の伝統のある巨大な企業が破綻する例が無視できない程に増えている。そのため、上場企業に投資をするまっとうな機関投資家は、企業のサステナビリティ（維持継続性）を重視し始めている。最近、日本では、最高益を公表してまもなく破綻した上場している不動産会社の例が出たことからも、機関投資家がサステナビリティを重視するのは当然のことである。

その結果、機関投資家は、業績ばかりでなく、企業の存続を確保するガバナンス体制が確立し、その体制が機能しているかを重視している。そのとき、法的観点も含めてみれば、ガバナンス体制の中核となる取締役会の機能が重

要になってくるし、その取締役会に出席し、取締役を監視する役割を果たすべき監査役が実際に機能していることが期待されるのもまた、当然のことである。

その帰結として、監査役の法的責任は重くなるのは自明の理である。最近の判例の傾向は、そのことを裏づけている。これらの判例については、以下の各章で後述されるが、主な流れを以下に述べることにする。

① 大和銀行事件では、裁判所は法的責任は否定したが、危機管理的な意味で監査役の法的義務の重さを認めた。
② ダスキン事件では、裁判所は弁護士でもある監査役の法的責任を認めている。弁護士である監査役は、従来の企業法務の常識からして、自分が法的責任を負うとは思っていなかっただろう。裁判所における常識の変化に、企業法務が遅れがちになり始めたことを示す事案である。
③ 足利銀行事件では、訴訟上の和解ではあるが、明確に監査役の法的責任を認める内容になっている。最近、株主代表訴訟事件は、訴訟上の和解で、被告が支払義務を負う事例が増えているが、このような訴訟上の和解には、監査役の法的責任を認めている裁判所の意向が働いていると思われる。それだけ、裁判所の監査役に対する目は厳しくなっているのである。

なお、足利銀行事件では、被告の元頭取等が法的責任を認め、ほぼ全財産を取り上げられたことが報道されている。
④ ライブドア事件でも、監査役の法的責任が認められている。この事件は、株主代表訴訟ではなく、株主自身が金融商品取引法による直接請求を行った事例である。今後、この種の株主自身による損害賠償請求事件は増加するし、その訴訟額は巨額になるものと思われる。そのため、今後は、この種の事件では、監査役は経済的に破綻に追い込まれる可能性も否定できない。

最近では、レックス・ホールディングス事件、アーバンコーポレイショ

ン事件、三洋電機事件は、この種の訴訟事件であり、監査役も被告とされている。
⑤　大原町農協事件の最高裁判決では、監査役に相当する監事の法的責任を認めている。これは、農協の事件であるが、最高裁の監査役に対する厳しい立場を想像できる重要な判決である。

　付言すれば、蛇の目ミシン工業事件、北海道拓殖銀行事件の最高裁判決は、取締役の法的責任の厳しさを明確に示しているが、特に、後者の最高裁判決は、取締役の経営判断の裁量にも厳しい目を向けている点を忘れてはならない。監査役が出席する取締役会での経営判断に裁量を逸脱した違法な点があれば、それを阻止しなかった監査役の法的責任の問題になるのである。そのことを明示した判例が、前述の大原町農協事件における最高裁判決である。
　さらに、足利銀行に関する事件で、宇都宮地裁は、平成22年3月18日、追加融資についての実質的な経営会議における決裁に関して、決裁の前提となる調査検討に合理性はないとして、出席した取締役の法的責任を認め、18億円余の支払いを命じた判決を言い渡した。この判決は、北海道拓殖銀行事件の最高裁判決の流れを汲むものである。このような経営会議に監査役が出席して違法な決裁を阻止しなかった場合には、監査役の法的責任が認められることになる。

(2) 監査役でいることがリスクになる時代

　上場企業は、まっとうな企業が多く、問題のある企業は少ないと見られる。しかしながら、取締役・監査役の法的責任の原因には軽過失という「うっかりミス」も含まれるから、まっとうな企業においても、監査役は法的責任を負い、それを追及される可能性は否定できない。
　その意味では、監査役でいることはリスクのある時代になったのである。監査役は、このことを十分に認識する必要がある。すなわち、監査役がこのリスクから解放されるには、「うっかりミス」をしない統制環境を伴う内部

統制の構築・運用が必要不可欠であることを認識する必要がある、ということである。

この統制環境を伴う内部統制の構築・運用は、内部統制の重要性に目覚めた経営者の主導による自律的な経営管理にかかっている。そのため監査役は、経営者がこのように目覚めているかに注視する必要がある。その結果、内部統制を重視せず、経営の効率性ばかり追求したがる経営者の下では、監査役を辞退するか、早急に退任することが必要となる場合もあると思われる。

このことは、そう遠くない時期に、まっとうな経営をしない経営者の企業には、まっとうな社外役員は集まらないであろうし、まっとうな社外監査役のなり手もなくなる可能性があることを示している。社外役員、社外監査役の顔ぶれを見ると、経営者のガバナンスの重要性の理解の程度が理解できるようになる時代も遠くないであろう。つまり、社外役員・社外監査役のなり手が、経営者のガバナンス姿勢の鏡になるのである。先見性のある経営者は、このことを理解しておく必要がある。誰も好んで、法的リスクを負うはずもない時代が到来するからである。

(3) 監査役は取締役を提訴する可能性がある

監査役が自らの本来の役割を認識し、あるいは現実の事情の下で、法的責任を負わないためには、最終的局面では、経営者である取締役と対立する場面が出てくる。このような経営者である取締役と監査役の対立は、監査役に問題があることよりも、経営者である取締役に問題があることが圧倒的に多い。つまり、両者の対立があるかどうかは、経営者である取締役次第なのである。経営者である取締役が、取締役及び監査役の役割を十分に認識していれば、通常は、話し合いで問題が解決することがほとんどだからである。

監査役が経営者である取締役と対立するのは、最終的には、違法か違法な疑いがある場合である。そうであれば、本来、その問題点は、法律の専門家である顧問弁護士等の意見を聞いて決める必要がある。慎重な対処が必要な場合には、顧問弁護士の意見だけでなく、中立的な第二意見書的なものも必

要になってくる。できれば両者の対立を回避するために、監査役会に顧問弁護士を置き、その意見を聴取することが望ましい。このようにして、これらの意見を参考に、最終判断をする必要がある。このような慎重な手続を経れば、多くは、経営者と監査役の意見の対立はなくなるはずである。

ところが、多くの場合、取締役と監査役が対立するのは、冷静に法律の専門家である適切な弁護士の意見を聴取していないことが原因になっている。その結果、違法かどうかについて、法律専門家の意見なしに対立し、それが感情的な対立に発展し、抜き差しならない関係に立つ現実がある。しかも、監査役の指摘が正しい場合には、監査役の意見を無視する取締役に法的責任が生じることが多いのは、皮肉な結末ということになる。

いずれにしても、今後は、取締役が違法な行為をしようとする場合に、監査役が話し合いで止めようとしても止められない場合には、弁護士と相談して、監査役は法的手段に出る必要がある場合も生じてくる。その場合、監査役が提訴するのは最終手段であるが、監査役が十分な情報をもたない場合には、提訴すること自体大変苦労の多いことになる。すなわち、監査役は強い権限をもっているように思っている監査役がいるかもしれないが、それは十分な情報があるという前提があってのことで、その前提がない場合には、権限を行使することは著しく困難を来たすものなのである。

そのことを認識して、提訴の可能性が想定できる場合には、取締役との対立が決定的になる前に、弁護士に相談する必要がある。弁護士の活用を考えずに、監査役が本来の役割を果たせない時代が到来したのである。監査役はこのことを十分に認識しなければならない。

第2章

監査役の使命とコーポレート・ガバナンスとの関わり

　監査役の権限は非常に広範囲に及び強固であるが、実際にその権限を駆使するためには法律的知識・会計的知識を必要とする場合も少なくなく、また昨今では、監査役の責任も厳格化される傾向が顕著である。また、監査役は自分の利益のために活動するのではなく、現在及び将来の株主の健全な利益のために活動するという公益確保のために活動する存在であるために、コーポレート・ガバナンスとの関わりが非常に強くなる。

　そこで、初めに、監査役についての現実的問題、その使命、監査役が取締役の職務執行について不正もしくはその疑義を感じた場合の行動のあり方、監査役が企業価値に貢献するための方法等について、最近の事例を交えながら具体的に検討していきたい。

1. 監査役を巡る現実的問題

　監査役は「取締役の職務の執行を監査する」（会381①）とあるが、その監査対象となる「取締役の職務」は非常に広範であり、数名の監査役だけで手が回るものではない。しかも、実際は監査役スタッフ（監査役会事務局）の人員は常に不足しており、内部監査室の協力も形式的なものにとどまることが少なくない。

　加えて、「監査」をするには法的な知識や判断が不可欠であるが、法律専門家ではない監査役にとっては自分自身で法的な知識を学習し、その知識だけで取締役の職務執行の適法性を判断し「監査」するのは、現実的には無理というほかない。また、監査役が会社の顧問弁護士に取締役の（特に社長の）経営行為についての違法性の疑義について相談しようとしても、経営陣（社

長側）と監査役が対立構造的になってしまう厳しい局面においては会社の顧問弁護士は経営陣の側に立つような気がしてしまうので、結局、監査役は会社の顧問弁護士に相談することを躊躇せざるを得ない。

　また、そもそも監査役が出席する取締役会その他の重要な会議においては違法性を感じる問題は見当たらないとしても、監査役が直接見聞きしているわけではない業務執行の現場では一体全体どのような業務執行がなされているのか、本当に違法行為はないといえるのか、そのことについて監査役はなかなか確実な証拠を得ることができない。存在の証明よりも不存在の証明のほうがはるかに難易度が高いからである。

　会社提案の監査役候補者についても法的には監査役会の同意が必要ではあるが（会343）、実際は社長が監査役についての人事権を有しており、社内から監査役になった場合には上司と部下のような上下関係に陥ってしまうケースがあることも否定しがたい。

　有力者が社外監査役になった場合についても、社外監査役はその会社の社内情報を多く知ることは困難であり、情報量が僅少であれば自らが活用できる弁護士に法的相談をしたとしても確実な法的判断を得にくいので、どうしてもその会社の社長の判断を是認する方向になりやすい。つまり、独立した社外監査役の場合は上下関係は生じにくいとはいえるが、社内情報の量に圧倒的違いがあるために、結果的に社長の判断を是認する場合が非常に多くなってしまう。

　このような事情が背景としてあるため、監査役は「見ざる、言わざる、聴かざる」の置物のような存在として「閑散役」と揶揄されたこともあった。特に社内から監査役になる者にとっては、短期間だけの「あがりポスト」のような扱いがなされることもあった。

　また、常勤監査役にとっては日々の監査実務はなかなか多忙であり、他方で監査役に関する会社法等の法令の規定が詳細であるため、それらの研究に忙殺されてしまい、そもそもの監査役の使命について強く意識して研究する機会が乏しいという現状もある。監査役の法的責任が認定された事例が少な

いため、監査役は取締役と異なり法的責任を問われることはないと誤解している向きも、従来はあったかもしれない。

しかし、監査役の法的責任は厳格化の傾向が顕著であり、同時に監査役はコーポレート・ガバナンスの重要な要としての役割を果たしていることは間違いのない事実である。

2. 監査役を巡る事例の検討

監査役の責任については本書第7章で詳論して整理してあるので、本章では、監査役の使命と対応法を検討するために必要な限度で重複して事例を取り上げることをお許し頂きたい。

時代の流れは、当初は監査役が取締役と協同して不正を行う「不正の共犯」の場合にだけ監査役の責任を認めるという非常に限定的なものであった。その後に起きた大和銀行事件ではニューヨーク支店に往査にいった監査役に対し、監査法人も発見できなかった問題についての善管注意義務及び忠実義務違反を認定し、しかしながら任務懈怠と因果関係のある損害額を確定できないという論理で責任はないと判示し、実質的に次は「不正の共犯」でなくても任務懈怠責任を認めるという意味でのイエローカードを示した。そして、その後のダスキン事件でついに「不正の共犯」ではないのに任務懈怠責任を認定し、8名の平取締役とともに監査役は連帯して2億1,122万円の支払義務を負うという非常に厳しい責任を負うに至った。

そこで、監査役の責任の変化の傾向とそのような責任を負わないための監査役のとるべき対応法を、次に検討してみたい。

(1) 興人事件（東京地裁昭和52年7月1日決定 判例時報 854号43頁）

株式会社興人は、昭和50年に大型倒産して会社更生法手続開始の申立てをした。本件はその興人の管財人が、当時の取締役及び監査役に対し、会社更

生手続開始直前3年間の各決算期に粉飾を行い違法に利益を計上し、配当可能性がないにもかかわらず、違法配当及び納税をしたとして、合計35億7,410万876円及びその遅延損害金の損害賠償請求権査定請求を行い、その全額が認容されたという事例である。

当時の監査役も「監査役の地位にあった被申立人らは、その任務を怠り、各期の定時株主総会において…議案が適法、且つ、正確である旨を報告した」という事実が認定され、当時の取締役と連帯してともに合計35億7,410万876円の責任が認定され確定した。

この事案は、「取締役らと一緒に粉飾決算に加担していたり、不正を認識しながら何も言わなかったケース、つまり『不正の共犯』が認められるケース」（この表現は、2009.3 ZAITEN 弁護士山口利昭「監査役が社長の『違法行為』を告発『春日電機騒動』にみる監査役の『職務』と『権限』」38頁）では、監査役は取締役とともに法的責任を問われるということを示している。

それでは、取締役の違法行為への加担ではなく不正の認識でもないが、監査の結果として不正を発見することができなかった場合はどうなるのか。これについて監査役の任務懈怠を認定したのが、次に述べる大和銀行事件である。

(2) 大和銀行事件（大阪地裁平成12年9月20日判決 商事法務 1573号4頁、判例時報 1721号3頁）

本件は極めて有名な事例である。

その概要は、大和銀行ニューヨーク支店の行員E氏が昭和59年から平成7年までの間に約3万回もの無断取引を行い、合計約11億ドルの損失を発生させ（①事件）、その損失を米国当局に隠匿したことにより米国で刑事訴追を受け、罰金3億4,000万ドル、弁護士報酬1,000万ドルを支払ったことについて（②事件）、取締役だけでなく監査役も善管注意義務違反及び忠実義務違反が問われたという事案である。

本件では①事件と②事件は併合され、取締役のうち11名に対し合計7億7,500万ドルの賠償がいい渡された（控訴審で和解により終結）。

本件では監査役も、取締役の職務執行の監査及び会計監査人の監査結果の適正性の監査について任務懈怠がなかったかどうかが争点となり、ニューヨーク支店に往査した監査役だけが、「会計監査人による財務省証券の保管残高の確認方法が不適切であることを知り得たものであり、これを是正しなかったため…未然に防止することができなかった」という構成で任務懈怠を肯定された。

しかし、判決は任務懈怠と因果関係のある損害額が確定できないという理由で、具体的に損害を賠償する責任はないと判示した。これは不正の共犯ではない事例における監査を怠る任務懈怠責任について、イエローカードを出したものといえる。

そして、その後のダスキン事件大阪高裁判決では「取締役の明らかな任務懈怠に対する監査を怠った点において、善管注意義務があることは明らか」と判示し、不正の共犯ではない案件でも具体的に監査役に多額の損害賠償責任を認めるに至った。その恐怖のダスキン大阪高裁判決の内容を次に確認したい。

(3) ダスキン事件（大阪高裁平成18年6月9日判決　資料版商事法務 268号74頁）

本件は、ダスキンが運営するドーナツ店で無認可添加物が混入した「大肉まん」を販売したことにより、ダスキンにドーナツ加盟店への営業補償、信用回復のためのキャンペーン関連費用等の106億2,400万円の損害を与えたとして、当時の取締役及び監査役に対し損害の賠償を求めた事案である。

一審大阪地裁は当時の専務取締役生産本部担当の1名だけに5億2,955万円の支払いを命じた。しかし、二審大阪高裁は監査役を含む被告全員について請求の一部を認め、前述の専務には5億5,805万円、当時の代表取締役会長兼社長に5億2,805万円、その他の取締役及び監査役（計9名）は2億1,122

万円を連帯して支払う義務があると判示した。つまり、本件の監査役は8名の取締役と連帯して2億1,122万円もの巨額の支払いを命じられた。

監査役が責任を負うに至った論理は、以下のとおりである。

無認可添加物が混入した大肉まんの販売そのものについてはその他の取締役及び監査役には善管注意義務違反は認められないとした上で、①本件混入及び販売等の事実を知った後、すみやかにダスキンの損害及び信用失墜を最小限度にとどめるために適切な措置を講じなかった点などについて善管注意義務違反が認められる、②主要な役員の間で、本件混入及び販売継続の経緯等について「自ら積極的には公表しない」との方針が決定され、取締役会においては「当然の前提として了解されていたのであるから、取締役会に出席した取締役らもこの点について取締役としての善管注意義務違反の責任を免れない。」、③取締役らが「自ら積極的には公表しない」という方針を採用し、消費者やマスコミの反応をも視野に入れた上での積極的な損害回避の方策の検討を怠った点において、善管注意義務違反のあることは明らかであり、④したがって、監査役も自ら上記方策の検討に参加しながら、以上のような取締役らの明らかな任務懈怠に対する監査を怠った点において、善管注意義務違反のあることは明らかである（資料版商事法務 268号120頁参照）。

なお、本件は最高裁に上告・上告受理されたが、上告棄却・上告受理申立てを受理しない決定により確定した（平成20年2月12日）。

本件事案では、被告の監査役は大肉まんの無認可販売の事実を知り、その対策の検討に参加している。そこで、監査役は取締役の職務執行についての違法を知るに至った。それにもかかわらず被告の監査役はその違法状態を是正することができなかったので、結果的に「取締役の明らかな任務懈怠に対する監査を怠った」という厳しい評価を受けることになってしまった。

この判決は、平取締役が経営トップの指示に従っただけであり、平取締役が経営トップに意見し、経営トップの判断を変更させることなどできるはずがないという、これまでの取締役の「常識」が裁判所には通用しないということを示した意味でも重要な判決である。

このダスキン事件の理解に際しては、約2か月前にいい渡された蛇の目ミシン事件の最高裁判決（平成18年4月10日）との関連性を意識することが重要である。
　この蛇の目ミシン事件では一審二審が経営者の視点から判断し、恐怖により強度の身の危険を感じた経営者が多額の会社資産を流出させた行為をやむを得ない行為と判断したのに対し、最高裁は株主の視点から全く逆の判断を行い、株主から経営を委託された経営者であるにもかかわらず、経営者としてなすべきことを何もしなかったとして損害賠償責任を認めた。
　この蛇の目ミシン最高裁判決は、従来はムラ社会的視点で役員の視点から経営者に有利なように役員の責任を判断していたが、その考え方を改め、法化社会的視点で株主の利益のために役員の法的責任を厳しく判断したものと理解すべきである。
　そして、この蛇の目ミシン最高裁判決の考え方がダスキン事件大阪高裁判決における監査役の責任認定にも大きな影響を与えた可能性があり、そのために不正の共犯ではないケースにおいても監査役に厳しい結果となったのではないかと考える次第である。

(4) 監査役の対応についての考察

　それでは、ダスキン事件でこの監査役はどのような対応をすべきだったのだろうか。
　ここで会社法第385条が定める「監査役による取締役の行為の差止め」の趣旨を確認したい。
　そもそも、監査役の職務・権限は、取締役の職務執行を監査することにある（会381）。監査役の監査権限は業務監査に関しては適法性監査である。その適法性監査を行うために、監査役には、①取締役会への出席・意見陳述の権利及び義務が認められ（会383①）、②取締役が不正の行為をし、もしくは当該行為をするおそれがあると認めるとき、または、法令・定款に違反する事実もしくは著しく不当な事実があると認めるときは、遅滞なく、その旨を

取締役会に報告することを義務づけられている（会382。監査報告書への記載及び株主総会への報告につき、会381①、384、会計規129①三参照）。そして、③取締役の法令・定款違反の行為により会社に著しい損害が生じるおそれがあるときには、監査役は、その行為の差止めをその取締役に対し請求する権利が認められている（会385：監査役による取締役の行為の差止め）。

　これは差止請求権であるが、法令・定款を遵守するという取締役の会社に対する忠実義務（会355）を履行させるための会社の請求権を、監査役が株式会社の機関として会社のために行使するもの、と理解されている（『新版注釈会社法(6)』446頁［鴻］）。そして、この差止請求権を行使することは、会社の機関としての監査役の義務であると理解されている（竹内昭夫「監査役制度の改正について」商事法務 643号［1973］6頁、酒巻俊雄『改正商法の理論と実務』帝国地方行政学会［1974］41頁、商事法務研究会『監査役ハンドブック』商事法務研究会［1975］43頁［矢沢惇］・105頁［龍田節］参照）。この点において、行使するか否かが株主の任意に委ねられていて行使が義務ではない株主の差止請求権（会360）とは異なるのである（以上、会385の解説について、『会社法コンメンタール8』商事法務、会385（監査役による取締役の行為の差止め）について413〜415頁参照）。

　これは監査役が取締役の職務執行について違法性もしくはその疑義を認識した場合には、是正してもよいという権限だけでなく、是正しなければならないという義務まで負っていることを意味する。そして、監査役が違法性の疑義を認識した場合はその旨を取締役会に報告し取締役会において是正することを促し、または株主総会で株主に報告することにより株主の手により是正することを促すべきであるが、それでも解決できない場合もしくは時間的に切迫している場合には、一定の要件の下で監査役は取締役の法令・定款違反行為を差し止めるために「取締役の違法行為の差止め」をすべき義務を負っているのである。

前述のダスキン事件では、「一審被告Ｙ８（被告監査役のことである）は…との取引を切ることによって…本件混入や本件販売継続の話がマスコミに流される危険があることを認識していたことを認めている。…一審被告Ｙ８も、混入を知った後の販売継続や6300万円の口止め料支払いといった事実関係なので、騒ぎになるのは分かっており、それを自分らで引き金を引くのはリスクが高いと判断して、公表しないのもやむを得ないと考えたというのである。」（資料版商事法務 268号118頁）という認定がなされ、「監査役であった一審被告Ｙ８も、自ら上記方策の検討に参加しながら、以上のような取締役らの明らかな任務懈怠に対する監査を怠った点において、善管注意義務違反があることは明らかである。」（同120頁）として、当該監査役は８名の平取締役とともに連帯して２億1,122万円もの支払義務を命じられた。

これは、監査役には取締役の違法行為（任務懈怠）を是正させ会社の損害の拡大を防止すべき重大な義務があったのに、取締役の違法行為（任務懈怠）を是正するための具体的な活動をしなかったという理由で監査を怠ったという判断になったものと思われる。

すなわち、本件の監査役は、取締役の重大な違法行為（取締役らの明らかな任務懈怠）をやめさせて会社の損害拡大を防止する義務があったのにもかかわらず、最終的には取締役の違法行為の差止請求権（会385）を行使すべき状況なのに、そのような重大な局面であるという認識を欠き、もしくは自分が多額の損害賠償責任を負うことになるかもしれないというリスク性の認識を欠き、監査役として取締役らの任務懈怠を是認し続けて、結果的に会社の損害の拡大を防止することができなかったことが監査役としての重大な法的責任につながったものと思われる。

その意味でこの判決は、監査役にとって、取締役の違法行為を是認しないで是々非々で監査する（是正させる）義務は非常に重たい義務であることを示しているものといえる。

監査役の損害賠償責任は確実に重くなってきており、監査役に任務懈怠があれば現実に損害賠償責任を負う厳しい時代になったといえる。

このような監査役の損害賠償責任の厳格化を前提にすれば、監査役は、取締役（特に従前の自分の上司）や現場の従業員に対し、自らの口で監査役の法的責任の厳しさを説明し、自分の立場と責任を理解してもらうことにより周囲を説得し、その理解と協力を得るという努力を怠るべきではない。誰も責任を負わない者の言うことは聞かないが、反対に責任を負う者の要望は受け入れやすい。監査役は損害賠償責任の厳格化と引き替えに、取締役を含む周囲の者に対し、自らの存在感とその積極的活動への理解を促す術を得たということができる。

(5) 春日電機事件（東京地裁平成20年11月26日、同20年12月3日決定）

本件は、春日電機の常勤監査役（債権者）が同社の代表取締役（債務者）に対し、取締役の違法行為差止めの仮処分命令2件を申し立て、それが2件とも認められたという事案である（11月26日いい渡しのものを事案1、12月3日いい渡しのものを事案2という）。

本件の前提事情は以下のとおりである。

春日電機は平成20年6月27日の定時株主総会で、株主であるアインテスラ社から取締役選任議案の修正動議が提出され、その動議は成立した。そのため、同社創業者一族である父子2名の再任が否決され（退任）、アインテスラ社の取締役会長（本件の債務者）を含む4名が春日電機の取締役に就任した。その後、同社創業者一族父子2名は経営責任を追及され、両名が保有していた春日電機の株式をすべてアインテスラ社に譲渡せざるを得なくなり、春日電機への支配力を一切失った。

［事案1の概要］

　債務者は春日電機の代表取締役に就任した直後に春日電機を代表してアインテスラ社に対し無担保で多額の金員を貸し付け、そのうちの貸付金2億8,000万円の返済請求に全く着手しなかった。また、春日電機は、ソフィアモバイル社から無線クレジット決済端末3,000台を単価5万円で注文したとして1億5,000万円の支払いを請求された。しかし、商品が納品されていない、運送業者の送り状や受領印もないという事情から債務者による架空取引の可能性があるにもかかわらず、債務者は同社に対し支払いをしようとした。そこで、常勤監査役が債権者となり債務者（当時の春日電機代表取締役）に対し、アインテスラ社に対する債権について返済期限の猶予をしてはならない、ソフィアモバイル社に対し金銭その他の財産を譲渡してはならないという「取締役の違法行為差止」の仮処分命令を申し立て、それが認められた。

［事案2の概要］

　春日電機は、10月6日の取締役会において9月末日を基準日として、11月21日に臨時株主総会を開催することを決議した。ところが、同取締役会後の10月29日の取締役会において基準日を維持したまま（つまり9月末日を基準日としたまま）、臨時株主総会を12月5日に変更する旨の決議をした。

　しかし、アインテスラ社は、11月7日、保有していた春日電機株式をすべて失い持株は0株になった。

　すなわち、10月29日の取締役会決議のとおりに臨時株主総会を開催すると、すでに株式を保有していないアインテスラ社が大量の議決権を行使することになり、開催日（12月5日）時点の株主の意思が正確に反映されないことが判明した。

　そこで、常勤監査役が債権者となり債務者に対し、12月5日を会日とする春日電機の臨時株主総会を開催してはならないという「取締役の違法行為差止」の仮処分命令を申し立て、それが認められた。

　なお、その後の事情として、東京証券取引所は2009年2月21日付けで「有

価証券上場規程第601条第1項11号b（上場会社の四半期財務諸表等に添付される四半期レビュー報告書において、公認会計士等によって「結論の表明をしない」旨が記載され、かつ、その影響が重大であると取引所が認める場合）に該当すると認めたため」という理由で同社を上場廃止とした。

　なお、この事案2では、春日電機の会計監査人は金融商品取引法第193条の3（法令違反等事実発見への対応）に基づいて監査役に対し春日電機の法令違反の指摘とその是正措置をとるべき旨の通知をしており、それが今回の申立てにつながった可能性がある。

　前述したように監査役の権限である「取締役の違法行為の差止請求権」を行使することは、会社の機関としての監査役の義務である。そのため、監査役が適切な対応をとらず、その結果、取締役の違法行為による損害が発生もしくは拡大した場合には、監査役が任務懈怠（善管注意義務違反）による損害賠償責任を追及されるおそれもあったかもしれない。つまり、恐怖のダスキン大阪高裁判決及びその後の足利銀行の和解内容を考えれば、本件監査役は自分が違法行為の差止めをしなかった場合の法的責任を意識せざるを得なかったのではないか。

　さらに、2007年改正の公認会計士法は、会計監査に関する会計監査人の責任を厳格化しているので、会計監査人としては法令違反等の不正について絶対に確実ではないとしても万が一の法的責任を回避するために、今後も金融商品取引法第193条の3に基づいて是正措置をとるべきという通知をする可能性がある。そのことは必然的に監査役が「取締役の違法行為の差止請求権」を行使せざるを得なくなるということを意味する。監査役はそのような状況になりつつあると理解すべきである。

3. トライアイズ事件

(1) 最近の監査役に関する報道記事

　2008年と2009年には、以下のような記事が報道された。

- 「『モノ言う監査役』現る」（日本経済新聞2008年7月21日「法務インサイド」）
- 「不正暴けず、逆にスパイ扱い（荏原・社外監査役）」（日経ビジネス「敗軍の将、兵を語る」2008年9月15日号）
- 「監査役、相次ぐ権限行使」（日本経済新聞 2009年4月20日 MONDAY NIKKEI）
- 「戦い始めた監査役」（朝日新聞 2009年4月20日 けいざい一話）
- 「『監査妨害』許さぬ、会社提訴（トライアイズ監査役）」（日経ビジネス「敗軍の将、兵を語る」（2009年8月3日号）
- 「重み増す監査役」（読売新聞 2009年10月10日）

(2) トライアイズの元監査役の活動

特に、2009年の記事4件はいずれも、株式会社トライアイズ（旧ドリームテクノロジーズ・ヘラクレス）の(元)監査役の活動に関するものである。以下では、客観的な整理に基づいて本件の検討を加えることとしたい。

[事例1：解任議案に対する取締役の違法行為差止めの仮処分申立て]

これはトライアイズ（旧ドリームテクノロジーズ・ヘラクレス）の(元)監査役の違法行為差止めの仮処分事件の事例である（前述した日本経済新聞2009年4月20日及び朝日新聞2009年4月20日参照）。

トライアイズが2009年3月25日開催の定時株主総会において第5号議案として(元)監査役の監査役解任議案を決議する旨の招集通知を3月5日に株主に向けて発送したので、同年3月16日に同氏が監査役に対する監査妨害があったと主張し、本件解任議案を株主総会で決議するのは取締役の違法行為であるとして「取締役の違法行為差止」の仮処分命令を申し立てた。

本件は、申立後の数度の裁判所による審尋を経て、3月24日にトライアイズが第5号議案（監査役解任議案）を取り下げたので、客観的に本件申立ての目的事項がなくなってしまい、取り下げにより終了することとなった。取締役が定時総会の前日に議案を取り下げるということは異例のことであり、

決定によることとなった場合には申立てが認められた可能性があることを強く推測させるものである。

本件は、株主総会において監査役解任議案を決議する（判断を株主に委ねる）という一見当然に許容されるようなことですら、事案によっては取締役の違法行為となる可能性があることを示すものであり、監査役権限の強さと幅広さを裏づけるものである。

［事例2：株主総会決議取消訴訟］

本件の(元)監査役は、2009年6月4日、東京地方裁判所に、同年3月25日開催の定時株主総会で決議された事項のうち、①取締役3名（再任）の選任決議の取消し、②監査役1名（新任）の選任決議の取消し、③計算書類（前記定時株主総会では計算書類は報告事項ではなく、第6号議案として決議事項とされた）の承認決議の取消しを申し立てた。

会社法第831条第1項本文は監査役が株主総会の決議取消しの訴えの原告となることを認めているが、これまでは監査役が総会決議取消訴訟を提訴する事態は予想されていなかった。しかし、本件は以下に述べるような種々の問題について、司法的な判断と解決を得る必要があったために提訴されたものである。

なお、この定時株主総会では取締役は5名選任（2名新任）、監査役は2名選任（ともに新任）されている。

本件決議取消訴訟における主張の概要は、以下のとおりであった。

ⅰ）取締役選任決議の瑕疵

ア　トライアイズは、(元)監査役に対して計算書類及び事業報告ならびにこれらの附属明細書を提供していない（計算書類、事業報告、附属明細書の不提供）。

イ　トライアイズの取締役会は、計算書類及び事業報告ならびにこれらの附属明細書を承認していない（決算取締役会の不存在）。

ウ　トライアイズは、(元)監査役が監査役会監査意見に賛同し署名押印し

たかのごとき虚偽の監査報告書を株主総会参考書類に添付した（株主総会参考書類に原告が署名押印したという虚偽の監査報告書の内容が記載されている）。
エ　トライアイズは、監査役会監査報告に付記された同氏作成の個別監査報告を株主に提供していない（付記された同氏作成の個別監査報告の不開示）。
オ　同氏の個別監査報告の中で指摘された法令・定款違反または著しく不当な事項が、株主総会参考書類に記載されていない（監査役の違法・不当事項の指摘の不記載）。
カ　株主総会で同氏の監査報告に対して説明を求める株主がいたのに議長はその質問に答えず、また同氏がこれに答える機会を作らなかった（説明義務違反）。

ⅱ）監査役選任決議の瑕疵
ア　選任された監査役はトライアイズと特別利害関係があるにもかかわらず、その旨が株主総会参考書類に記載されていない。逆に利害関係がない旨が記載されていた（特別利害関係の虚偽記載）。
イ　同氏が当該監査役の選任について反対の意見を有していたにもかかわらず、その意見の概要が株主総会参考書類に記載されていない（監査役選任についての監査役の意見の不記載）。
ウ　監査役選任についての監査役会の同意が存在しない。
エ　株主総会において、同氏が当該監査役の選任について反対の意見を陳述しようとしたところ、これが不当に制限された（監査役選任についての監査役の意見の陳述権の不当な制限）。

ⅲ）計算書類の承認決議の瑕疵
ア　トライアイズは同氏に対して計算書類及び事業報告ならびにこれらの附属明細書を提供していない（計算書類、事業報告、附属明細書の不提供）。
イ　トライアイズの取締役会は、計算書類及び事業報告ならびにこれらの附属明細書を承認していない（決算取締役会の不存在）。

ウ　トライアイズは、同氏が監査役会監査意見に賛同し署名押印したかのような虚偽の監査報告書を株主総会参考書類に添付した（株主総会参考書類に同氏が署名押印したという虚偽の監査報告書の内容が記載されている）。
エ　トライアイズは、監査役会監査報告に付記された同氏作成の個別監査報告を株主に提供していない（付記された同氏作成の監査意見の不開示）。
オ　同氏の個別監査報告の中で指摘された、計算書類に関連する法令・定款違反または著しく不当な事項が株主総会参考書類に記載されていない（監査役の違法・不当事項の指摘の不記載）。
カ　株主総会において、同氏の監査報告に対して説明を求める株主の発言に対し、議長は質問に答えず、また同氏がこれに答える機会を作らなかった（説明義務違反）。

[事例3：臨時株主総会の開催とやり直し決議]

　その後、同社は同年10月9日に臨時株主総会を開催し、本件決議取消訴訟の対象となった3つの議案について再決議を行い、さらに同氏の解任議案を再び提案し、これについても決議を行い、これらはすべて可決承認され同氏は監査役を解任されるに至った。

　これについては、日経ビジネス2009年8月3日号の書き出し部分の「トライアイズの監査役になってから約1年半が経とうとしています。職務を全うするために努力しましたが、経営陣からは協力してもらうどころか、様々な監査妨害を受けてきました。帳簿類を見せなかったり、辞任を迫ったりという具合です。…」、10月10日の読売新聞の「…は業務監査を行おうとしたが、会社側に資料提出を拒まれたと主張。今年3月に、経営の問題点についての監査報告書を提出したが株主に開示されなかったため、取締役再任決議の取り消しを求めて提訴し」という記事が参考になる。

　また、本件では、トライアイズが10月9日の臨時株主総会に向けて自社のホームページで同氏の監査報告に対し詳細な反論を行い、それに対し同氏が

会社のホームページによるリリースは事実ではないとして株主に対し事実を伝えるために自己のホームページを開設し、音声などを交えつつ、会社側から監査を妨害されたと主張しインターネットによる情報開示及び意見発信を行ったという点も見逃せない。

　ところで、監査役が自分のホームページを立ち上げ、そのホームページで監査意見の補強として自分の意見をリリースすることについて、会社法は何も定めてはいない。少なくとも明文では認めてはいない。会社法が明文で認めているのは招集通知に添付される監査報告と株主総会における監査報告、意見陳述、株主からの質問に対する回答といった方法である。
　しかし、会社法がインターネットによる情報発信を明文で認めていないのは、通常は監査報告と株主総会における質疑応答などの方法だけで株主の適切な議決権行使が期待できるからである。株主の適切な議決権行使が期待できない例外的状況に陥った場合には、株主の適切な議決権行使のために監査役がホームページを立ち上げリリースするという例外的方法による情報発信も当然に許容されるはずである。
　特に、本件では業務執行側は監査役の監査報告に対して、監査役としての職責を果たしていない等、本件監査役の監査報告の信憑性を疑わせるような長文の批判的主張を自社ホームページ及び招集通知に掲載したという特殊事情が認められる。このような事情の下では、監査役は、例外的に、自分が監査役としての職責を適切に果たしていること、そして臨時総会で議案とされた監査役解任議案には正当理由がないことを主張し、株主に対し情報を提供し適切に議決権を行使できるように自分のホームページを立ち上げ、そこで業務執行側の批判的反論に対する再反論のために情報発信をすることが認められるのは当然である。
　また、監査役の監査報告は取締役の職務執行に際しての事前チェックではなく、取締役の職務執行後に第三者として監査する「事後監査」である。それなのに、監査役の監査報告の後に、監査される立場の業務執行者が、監査

報告の信用性を著しく毀損する批判的反論を行い、監査役がそれに対し「事後的」に追加的な主張を株主総会前にリリースすることが全く許されないとすれば「事後監査」は名目的なものとして形骸化することになり、極めておかしなことになる。

　本件はそのような観点から(元)監査役がホームページを立ち上げ、そのホームページで情報発信した初の事例である。

［立法的解決の必要性］
① 　監査妨害について
　本件は、監査役がその職責を果たすために違法行為差止訴訟や株主総会決議取消訴訟を提訴した貴重な事例であるだけでなく、「監査妨害」という現行法が想定しない事態についての法（ルール）の不備という問題があることも示しており、実務上重要な事例と思われる。

　すなわち、会社法は監査役が業務執行側から資料の提供を拒絶されるという事態を想定していないので、そのような場合の制裁方法は極めて不十分である。

　そのため、監査役が必要な資料を確実に入手できる法的仕組みや監査妨害に対する罰則の制定が必要である。本事例はその問題性を明らかにしたところにも意義があるように思われる。
② 　株主総会検査役の選任申立てができる者の範囲について
　監査役が総会検査役の選任申立てを行おうとしても、会社法第306条は「株主総会又は総株主の議決権の100分の1以上の議決権を有する株主」しか総会検査役を申し立てることができない定めになっている。そのため、2009年3月25日開催のトライアイズ定時株主総会の招集手続及び決議方法に関して、(元)監査役が総会検査役の選任申立てをしようとしてもできないという会社法の不備が明らかになった。これについては立法で、監査役も総会検査役選任ができるように定めるべきである。
③ 　株主名簿の閲覧謄写請求権を行使できる者の範囲について

本件では、(元)監査役が株主に対し直接に書面を送付する方法で株主全員に自分の意見を伝えるという方法もあり得たかもしれない。
　しかし、会社法第125条が定める株主名簿の閲覧謄写請求権は「株主及び債権者」だけに認められたものであり、監査役には株主名簿の閲覧謄写請求権はない。立法者は、監査役が株主名簿を必要とすることは通常はないであろうし、仮に例外的に必要とする場合でも、監査権限として業務執行側に求めれば問題なくすみやかに情報を入手できるから問題はないと判断したのかもしれない。
　ところが、実際に本件のように監査役が株主名簿情報を必要とする事例が発生したのだから、立法により監査役にも会社法第125条の株主名簿閲覧謄写請求権を認めるべきである。

(3) 今後の傾向
　今後も、監査役がコーポレート・ガバナンスの観点から遵法経営をしているかどうかを確認するために、積極的に監査権限を行使する事例が登場するものと思われる。なぜならば、企業を取り巻く環境が法律重視に大きく舵取りを変え始めており、企業のステークホルダーが監査役に対し、業務執行の適法性の監査を形式的にではなく実質的に行うことを要求しているからである。そして、その遵法経営を担保するのが監査役の使命であるから、今後、ますます業務執行側の経営姿勢を厳しく問う「モノ言う監査役」が登場し、その疑義を解決することができなければ積極的に監査役権限を行使する事例が増加するはずである。また、監査役自身の法的責任の厳格化により、積極的な権限行使に踏み切らざるを得ないという背景事情の変化も看過することができない。

4. 監査役のコーポレート・ガバナンスへの強い関わり
　株式会社においては、株主は業務執行及びその監視を専門的第三者である取締役に委ね、取締役の選任・解任権限を通じてこれをコントロールすると

いうのが、コーポレート・ガバナンスの基本的な仕組みである。

　すなわち、株主総会は、経営者の株主に対する責任を明確にすることをその基本的な機能とすべきものであるが、経営者が選択した情報だけが株主に伝達される制度の下では、都合のよい情報のみが株主に開示される場合には、取締役の選任解任権を通じた取締役のコントロールが十分に機能しないことになる。

　したがって、株式会社、殊に、株主が多数に上る上場会社など公開型の株式会社にあっては、取締役が、「都合の悪い情報は隠す」というようなことが許されないようにすることと、情報の粉飾加工は許さないシステムの確立が要請され、そのためには、開示すべき事項を適切に選択してこれを強制することに加え、監査役による監査の充実が重要となる。

　ところが実際には、わが国では従来から監査役は会社の置物扱いされ、取締役の職務執行について不正もしくはその疑いを発見しても、監査役が取締役（特に経営トップ）と対峙することは異例のこととされてきた。

　また、会社内に問題を発見したときは、辞任することが監査役として最善の防衛策であると、現在でも考えられている節がある。

　しかし、監査役の本来の役割は、取締役の職務執行に問題がないかを監視し、問題の端緒があればそれを追及し、さらに違法行為を発見すればそれを是正することである。それが監査役の使命であり、コーポレート・ガバナンスが監査役に求めていることである。

　一連の会社法（商法）改正により監査役の法的責任が重くなり、現実に監査について任務懈怠があれば多額の損害賠償責任を負うことになりかねない状況になってきたのであるから、監査役もその法的責任の重さとコーポレート・ガバナンスにおける監査役の役割の重要性を強く意識すべきである。

　もしも取締役に違法性の疑われる行為がある場合には、その旨を取締役会において指摘すべきである。たとえ他の監査役と意見を異にしても、自らの信念に基づいて不正もしくはその疑義があるという判断に至ったならば、監査役の独任性に基づく権利義務である個別監査報告においてその問題性を指

摘する必要がある。それでも問題点を解決できない場合には監査役の権限に基づく提訴ということも視野に入れながら積極的に監査役の使命、職責を果たすことを考えるべきである。

　特に、コーポレート・ガバナンスにおいては、株主は自らの権利である私益を法律と社会が容認する方法で追求し（株主の私益追求）、監査役は特定の株主の私益とは異なるその時点のすべての株主及びその会社の将来の株主の適正な利益のために、また、その会社のステークホルダーのために公益の確保の見地から監査役の権限を行使すべきである（監査役の公益確保）。
　そのような監査役のコーポレート・ガバナンスにおける重責に鑑みれば、監査役に求められるのは、あくまでも現在及び将来のすべての株主とコーポレート・ガバナンスのために職責を果たすという発想であり、たとえ以前は社長の部下であったとしても、時代の変化を察して現在の時代感覚にあった活動をするという観点から、いったん監査役に就任した以上は社長の部下という感覚を捨てて、是々非々で監査役としての活動をするという姿勢が求められるのである。
　そして、このような監査役の使命と職責に照らせば、今後も監査役が積極的に監査権限を行使する事例が増加するはずであり、業務執行側もより一層の遵法経営の実践に努めることが求められているのである。

5. 監査役の活動と弁護士・会計士等の協力

　監査役が適切に活動するためには弁護士・会計士等（以下では「弁護士等」と略称する）の活動は不可欠である。もちろん、平時の監査役の活動では弁護士等はさほど必要ではないかも知れないが、それでも近時の法令改正ラッシュの中で、法律専門家ではない監査役が弁護士の助力を得ないで、どのような判断基準で監査を行い違法はないという判断をすることができるのであろうか。監査役は適切な監査のために、取締役の職務執行には違法はないということの自分なりの確証を得るために適宜、弁護士に相談し安心を得てお

くことが望ましいのではないだろうか。

　また、少しでも経営陣の判断や指示について法的な確認をしたいと考えた場合に、経営側に立たざるを得ない顧問弁護士に「批判的質問」をすることができるだろうか。

　監査役の責任強化を考えれば、監査役として是々非々で職務を全うするためには、「平時の備え」という意味で監査役のために何度でも気楽に法律相談をすることができる弁護士が必要になってきたような気がしてならない。

　特に上場企業の監査役にとっては、監査役という「役職」に必然的に弁護士等が必要になってきたように思われる。

　その際に、監査役が弁護士等との関わりで必要なのは以下の事項だけである。

① あなたはその弁護士等を信頼することができますか。
② あなたは自分が聞きたいことをその弁護士等に伝えることができますか。
③ あなたは自分が質問したことについて弁護士等が回答した場合、その弁護士等の回答を理解することができますか。理解できなかったら自分が理解できるまで教えてもらうことができますか。

　そして、具体的に弁護士等と連携をとりながら監査を進めるうちに、徐々に監査に必要な法的知識や会計知識を身につけるはずである。そうすればより一層、弁護士等との相談がスムーズにいくはずである。

　このように是々非々の監査のためには、監査役を支える弁護士等の協力が不可欠である。

　現在は一部の監査役会だけが、監査役会の相談だけを受け付ける監査役会の顧問弁護士をもっているようである。しかし、その数は非常に少ないのが現状であり改善が望まれる。

6. 監査費用の支払いの仕方（弁護士への支払いをどうするか）

　それでは、監査役会もしくは監査役が弁護士を活用する場合の弁護士への費用（報酬）はどうなるのか。これは極めて現実的問題であり、重要な問題である。なぜなら、弁護士及び会計士の費用を監査役個人が自らの報酬の中から支払っていたのでは、実際のところ、監査役は弁護士や会計士等の専門家の協力を得ることができなくなるからである。

　監査役の中には弁護士等への報酬を支払えないので、弁護士等への具体的な相談ができないといわれる方もいる。しかし心配無用である。これについては、会社法第388条が定めている。

［会社法第388条］
　監査役がその職務の執行について監査役設置会社に対して次に掲げる請求をしたときは、当該監査役設置会社は、当該請求に係る費用又は債務が当該監査役の職務の執行に必要でないことを証明した場合を除き、これを拒むことができない。
一　費用の前払の請求
二　支出した費用及び支出の日以後におけるその利息の償還の請求
三　負担した債務の債権者に対する弁済（当該債務が弁済期にない場合にあっては、相当の担保の提供）の請求

　会社法第388条は監査費用について定めているが、監査役が職務執行としての活動をしたことを証明すれば、その費用については、会社が「監査役の職務の執行に必要でないことを証明しない限り」全額を支払うと定めている。
　もちろん、監査費用については業務執行側にその必要性を説明し会社予算として監査費用を計上してもらうという段取りをとることが普通であり、それが望ましいことはいうまでもない。しかし、その普通の事態にならない場合は、監査役は監査に必要であるという信念さえあれば臆することなく弁護士等に相談すればよいのである。後は相談を受けた弁護士等が監査役のため

53

にやるだけである。

　監査役は監査費用の支払いを心配する必要はないというのを確認のために申し上げておく。

7. 監査役に求められる助言機能

　会社法施行規則第105条第2項、第107条第2項は、「監査役は、その職務を適切に遂行するため、次に掲げる者（注：他の役員、使用人等である）との意思疎通を図り、情報の収集及び監査の環境の整備に努めなければならない。この場合において、取締役又は取締役会は、監査役の職務の執行のための必要な体制の整備に留意しなければならない。」と定めている。

　これは、監査役は社長等の役員と積極的に意思疎通を図り情報を収集し、社長等は監査役のために体制整備に留意せよという意味である。

　いかに監査役といっても、取締役等との意思疎通が疎遠になってしまえば監査にも支障が生じてしまう。監査役は不正及びその疑義等を感じた場合には、法的な権限を行使する前にその取締役及び取締役会に対し是正その他の助言または勧告をして解決すべきである。助言・勧告にもかかわらず適切な対処がなされない場合には、その問題に適した監査権限の行使を検討すべきである。また、取締役及び取締役会も監査役（会）からの助言または勧告を真摯に受け止め、企業価値を高めるために前向きにその助言・勧告を受け止める度量が求められる。

　このように監査役は社長等との意思疎通を図りながら、必要に応じ、社長等に対し監査役として助言・勧告を行う場合もある。

　特に、不況や低成長の時代には違法行為が起こりやすく、しかも、そのようなときに不祥事が起きてしまうと好景気のときよりもダメージが大きくなってしまう。不祥事には、いつの時代でも一定の確率で発生してしまうものと、企業の命運に関わる重大なものがある。後者の重大な不祥事の発生を防止するためには、取締役会に出席し、株主総会での監査報告や取締役の違

法行為差止めといった強力な権限を有する監査役の役割は非常に大きいといわざるを得ない。

そこで、監査役には是非とも、性悪説と性善説という視点からではなく性弱説による人的リスクマネジメントの視点を理解して頂き、その視点から、いつの時代でも一定の確率で発生してしまう不祥事だけでなく、企業の命運にかかわる重大な不祥事すらも防止することができるということを、その助言・勧告機能を通じて経営陣に伝えて頂ければ幸いである。

8. 人的リスクマネジメントと性弱説の視点

法令が遵守されるためには「法令を遵守する」という社風が充実していなければならない。

そのためには、法令以外の社内ルールもきちんと遵守するという企業風土が必要である。社内ルールは遵守しないが法令だけは遵守するなどという企業は存在しないからである。

特に、社内ルールの違反は大して重大な違反ではないと考える役員・社員のいる会社は危険である。

不二家を巡る不祥事事例がその典型であるが、同社は法令違反ではなく、道義的・倫理的な意味での社会的制裁により甚大なダメージを被った。

社内ルール違反を前提とするコンプライアンス違反でも甚大なダメージにつながる場合があるということを理解する必要がある。決して社内ルールの違反を軽んじてはならない。したがって、監査役は社内ルールが遵守されていないと判断したならば、その旨を経営者・経営陣に伝え不祥事に発展しない段階で是正・改善するための助言・勧告をすることが望ましい。

ちなみに、社内ルールをきちんと遵守できる企業は法令もきちんと遵守している場合がほとんどである。

法令遵守の会社になるために、社内ルールをきちんと遵守できる会社になる必要がある。

そのためには、遵守しなくてもよいような社内ルールは無益なだけでなく、

有害であるとさえ考えるべきである。

　そして、社内ルールは必ず遵守させなくてはならないから、社内ルールは社員が実行可能なものでなければならない。社員が遵守できず会社も管理できないような社内ルールが存在した場合は、監査役はそのルールの改善を助言・勧告することが望ましい。

　特に企業不祥事の中には、トップや上司が無理な目標設定をして社員に結果を強制した挙句、追い込まれた社員が社内ルール違反や法令違反を犯すといった事例も少なくない。目標を設定する際には、初めから高度な目標を設定するのではなく、社内の状況に合わせて目標値を設定し、徐々に達成率を向上させながら目標値もレベルアップさせるといったホップ・ステップ・ジャンプの発想が効果的である。

　不況や低成長の時代では状況打開のために、全社的に困難もしくはハードルの高い目標を設定しがちであり、業務執行側は誰もそれについて表面的には弱音をいうことが許されない社内環境になっている場合が多い。そのような状況であればなおさらのこと、監査役がその危険性を助言・勧告するような会社であってほしいのである。

　ところで、社内ルールが遵守される体制を構築するには、社内ルールが遵守されない理由をまず分析し、それへの対応策を講じる必要がある。

　まず、遵守されない理由として、ルールの存在を知らないとか、ルールの存在は知っているが具体的な内容を確認しなくても誰からも文句をいわれない社風なので、ルールを見ていないということが考えられる。

　これに対しては、ルールの表示方法や掲示方法を目立つようにして、ルールの具体的な内容を確認する社風にすることが効果的である。

　また、ルールを理解しない社風の場合には研修の実施、上司からの説明の機会を増やすとよい。

　ルールに対し感情的な反発や誤解等があり納得しない者がいる場合は、ルールの納得を得るために反発者から意見聴取し、トップがルールの趣旨を

アナウンスして説得することも効果的である。ルールをきちんと遵守している者に対しては人事評価でそのことをプラス評価し、反対に業務成績が良くてもルールを遵守しない者に対しては人事評価でマイナス評価をするという姿勢を示すだけでも相当に効果がある。

　これらの事項も業務執行側が意識していない場合もしくは口に出して指摘できない場合は、監査役がそのプロセスを助言・勧告することは意義がある。

　そして、人間は過ちを犯すことがあるという前提で社内環境を構築する必要がある。

　誰でも、「これは大丈夫だろう」、「これは問題ないだろう」といった先入観をもってしまい、注意が散漫になり、本人の意思に反して最悪のエラーを犯してしまう可能性があるからである。このことにも十分に注意する必要がある。

　人間の本質について性善説・性悪説の議論があり、リスクマネジメントでは一般に性悪説で対応すべきだといわれる。しかし、企業内のすべての構成員を性悪説の前提で理解したのでは非効率的であるし、日本企業の一番の強みである家族主義的・現場主義的な統制環境が破壊されてしまう。むしろ、人間には誰でも弱い面があり、その弱さ故に問題を発生させるという「性弱説」で理解すべきであり、人的リスクマネジメントの観点からはその人間の弱さを「全社的なプロセス」で克服する思考方法のほうがはるかに効果的である。

　例えば、社内で窃盗をするのは当然に犯罪行為であり違法行為であるが、誰も見ていない状況で大金が無防備に放置されていれば「魔が差して」手を出してしまう（窃盗をする）者が出るかもしれない。しかし、そのような「魔が差して」という気持ちになりようがないきちんとした現金管理をしていれば（社内体制をきちんとしていれば）、社員はその現金に手を出さない（つまり違法行為をしない）。窃盗という言い逃れのできない犯罪行為をした悪人を例にとっても、会社が社内体制を全社的にきちんと管理していれば、その悪人を「まじめに働く善良な社員」として定年まで雇用できたかもしれない。善

良に貢献し続ける力があるが他方で邪心・悪心を起こしてしまうかもしれない人間の複雑さと弱さを直視し、社員を悪者扱いするという思考方法ではなく、人間は誰しも良い部分と弱い部分が混在しているのだから社員が自分の弱さをさらけ出さずに済むような社内体制（統制環境）にするという思考方法のほうが、はるかに効率的かつ効果的な人的リスクマネジメントになるはずである。

　このような考え方のほうが、その人間の本来のすばらしさ・能力を引き出すことができ、ひいてはその会社の企業価値を発展させることができる。こういう考え方が、むしろ日本企業の実体に即している。
　そして、不幸にして業務執行側がそのような視点を欠いている場合は、監査役が折を見て経営陣（特に経営トップ）に対し助言・勧告をする立場から、そのことを指摘するような会社であってほしい。
　そのような監査役がいる会社は、本当の意味で強い会社であると確信するからである。

第3章
株主代表訴訟と監査役による提訴

1. 監査役による法的対応

　ここでは、監査役が法的対応を検討しなければならない場面について述べる。

　ほとんどの監査役、特に常勤監査役以外の監査役は定例の取締役会に出席し、意見を述べるだけで、監査役が法的対応を考えなければならないなどという場面は想定していないことが多いと思われる。

　しかし、監査役にも時には法的対応を検討しなければならない場面に直面することがあるのであり、最近は社外監査役が原告となって取締役を訴えたり、仮処分の申立てをするケースなどが出てきている。

　監査役が取締役を訴えなければならないというのは正常な状況ではなく、稀なケースともいえるが、訴え提起までは至らなくとも、訴えなければならないかどうかを検討しなければならない場面というのは、今後増える可能性がある。

2. 株主代表訴訟

　監査役が取締役を訴えるかどうかを検討しなければならない場面の最も一般的な事例が株主代表訴訟である。

　監査役設置会社においては、株主が株主代表訴訟を提起するには、まず、監査役に対して提訴請求をしなければならないのであり、提訴請求がなされれば、監査役は提訴請求に対し、提訴するかしないかの判断を求められることになる。

以下では、最近の事例から監査役が法的対応を迫られたケースをいくつか紹介し、監査役には何が求められ、どのように対応していかなければならないのかを述べていく。

3. 監査役が訴えられる場合

(1) 監査役の権限

監査役の権限、義務などについては、会社法第381条以下に定めがあり、権限としては同条第1項に「取締役の職務の執行を監査する。」と定められている。

この規定は、監査役の権限、なすべきことの基本を定めたものであるが、監査役の権限としては、会社法第385条に「取締役の行為の差し止め」、同第386条に「会社と取締役との間の訴えにおける会社の代表」に関する規定が存在する。

(2) 株主代表訴訟

取締役の行為の差し止めや取締役との間の訴えにおける会社の代表などということは、おそらくほとんどの監査役にとってはこれまで縁のない条文であると考えられてきたものと思われるが、近年はこの法律の適用を考えなければならないような事例が出てきている。

株主代表訴訟というと、取締役の違法行為について、株主が会社に代わって取締役を訴えるというのが基本的な構造であり、取締役が訴えられて、多額の賠償責任を認められた事例が新聞記事などで大きく取り上げられたこともある。

しかし、株主代表訴訟は取締役が株主から訴えられるという印象が強く、監査役が訴えられたケースとして論じられることは少ないが、前述したとおり、監査役には、取締役の職務執行を監視する権限があるだけでなく、取締役の違法行為を差し止める権限も与えられている。

にもかかわらず、取締役が違法行為を行い、会社に損害を与えたという場

合、取締役に責任があることは当然として、監査役にも、取締役の違法行為を知りながら放置した、あるいは取締役の職務執行の監視義務を怠ったという責任追及がなされることは避けられない。

　つまり、株主代表訴訟というのは、取締役だけでなく、監査役も取締役と一緒に訴えられる可能性を常に有しているのである。

　では、監査役として責任を問われる場合とはどのような場合なのか、また、訴えられないようにするためにはどうすべきか。これについては、一言でいえば監査役としての監視義務を怠らないようにするということになる。ただ、実際にはいろいろな場面で難しい対応を迫られることが多い。

　以下では、最初に、監査役が訴えられた事案をいくつか紹介し、続いて、監査役が取締役を訴えた事例、最後に予想される問題点について述べる。

4. 監査役のみが訴えられた事例

(1) 事案の概要と原告の主張

　監査役の職務は、取締役の業務を監査することである。したがって、監査役が訴えられるケースというのは、一言でいえば、取締役の業務執行監査についての任務懈怠が争点になる場合である。そして、監査役のみが訴えられた日本電気代表訴訟（東京地判平成13年2月22日）は、原告は監査役がなすべき職務（義務）について、以下のような主張をしている。

　この事案は、子会社に対する業務委託契約金の支出について監査を怠ったといえるかが問題となった事例であるが、原告が主張した被告の義務違反は以下のような内容になっている（資料版商事法務　206号131頁）。

(1)　稟議書の閲覧検討
(2)　子会社の調査
(3)　支払伝票の閲覧検討
(4)　関係契約書の閲覧検討

　この事案は、被告監査役の調査義務違反として、上記4つを問題としたが、被告は反論の中で、業務委託契約金の支出は取締役の裁量の範囲内で定めら

れた相当な額の支出であり、取締役に善管注意義務違反がないということと、監査役は社長決裁事案のみを監査していたが、本件は社長決裁事案ではなく、業務委託契約の内容は知り得なかったという主張をした。

(2) 裁判所の判断

　この事案は、原告の請求が棄却され、裁判所は、請求棄却の理由として、業務委託契約の成果物が存在すること、業務委託の対価が不当に高いということもない、という認定をした。

　裁判所の判断は、被告の主張に沿ったものであるが、業務委託契約金の支出は取締役の裁量の範囲内で定められた相当な額の支出であり、取締役に善管注意義務違反がないという認定を行って請求棄却としており原告の主張した稟議書の閲覧、検討等の被告の監視義務違反には触れていない。

　事案の内容はこれ以上触れないが、本件において、監査役として考えなければならない点がいくつかある。

(3) 被告としての対応

　この事案は、取締役の職務執行自体に何ら善管注意義務違反はないという認定をし、これ以上論じる必要がないということから、原告が主張していた監査役の4つの義務違反については何ら論じられていない。しかし、仮に、取締役の職務執行に何らかの善管注意義務違反が存在するということになったとき、監査役は社長決裁事案のみを監査していたが、本件は社長決裁事案ではなく、業務委託契約の内容は知り得なかったという被告の主張が認められるかどうかについてはかなり疑問がある。

(4) 予想される訴訟

　本件は、取締役の善管注意義務違反について監査役のみが訴えられたというケースであるが、今後、取締役ではなく、監査役のみが訴えられるケースとして予想されるのは、株主から監査役に対し提訴請求がなされたのに対し、

第3章 株主代表訴訟と監査役による提訴

監査役が提訴の必要なしという判断をした場合などである。この場合は監査役が単独で訴えられる可能性がある。

このような事態を回避するためには、監査役はどのように対応すべきか。今後は、株主から提訴請求がなされたときには、提訴の可否の判断については十分な調査を行うことは当然であるが、提訴の可否の判断とともに、将来提訴の可否の判断が問題となる場合に備えて、その判断過程と判断資料を十分に備えておくことが必要である。

5. 取締役と監査役が一緒に訴えられた事例

(1) ダスキン代表訴訟 (大阪高裁平成18年6月9日判決)

事案は、ダスキンの販売する中華饅頭(大肉まん)に食品衛生法上認められていない食品添加物が混入したことに端を発する事件であるが、この事件では取締役のみでなく、監査役1名が一緒に被告となり、被告監査役に対し2億1,122万円の支払いを命じる判決が言い渡された(大阪高等裁判所平成18年6月9日判決)。

この責任が認められた監査役は、食品衛生法上認められていない食品添加物が混入したことを事後に知ったものであるが、隠ぺい工作がなされようとしていることを知りながら、積極的に公表等の対応をしなかったことについて責任を問われたものである。

(2) 大和銀行代表訴訟 (大阪地裁平成12年9月20日判決)

本件は大和銀行ニューヨーク支店の行員が、同行に無断で米国財務証券の取引を行い、約11億ドルの損失を出したことにつき、当時の代表取締役及びニューヨーク支店長であった取締役については、行員の不正行為を防止するための管理体制を構築すべき善管注意義務、忠実義務違反、その余の取締役及び監査役については、代表取締役らが内部統制システムを構築しているか監視する善管注意義務、忠実義務があったのにこれを怠ったとして損害賠償を求めたものである。

63

(3) 監査役の主張と裁判所の判断（ダスキン事件）

　ダスキン事件で被告となった監査役は、事件発覚後に違法添加物の混入した商品が販売されたことを知ったが、被告取締役は本件事実を公表しないという判断をしたが、取締役のこの判断に善管注意義務違反はないから、被告監査役にも責任はないという主張をした。

　しかし、裁判所は、監査役を除く被告取締役に「積極的には公表しないという」方針を採用し、消費者やマスコミの反応をも視野に入れた上での積極的な損害回避の方策の検討を怠った点において、善管注意義務違反があり、被告監査役には、上記方策の検討に参加しながら、取締役の明らかな任務懈怠に対する監査を怠った点に善管注意義務違反がある、と認定している。

(4) 監査役の主張と裁判所の判断（大和銀行事件）

　大和銀行代表訴訟については、被告監査役は、監査役の監視義務違反の任務懈怠について、判決は概略次のように述べている。

(1)　監査役は、取締役の職務執行を監査する義務を負うのであり、検査部及びニューヨーク支店を担当する取締役が適切な検査方法を取っているかについても監査の対象であり、また、会計監査人が行う監査の方法及び結果が適正か否かを監査する義務も負っていた。

(2)　被告監査役は、大和銀行では、同被告のような常勤ではない社外監査役については、原則として取締役会に出席するとともに、随時取締役からの報告、監査役会における報告などに基づいて監査する旨の職務分担の定めが設けられていたから、取締役の違法行為を容易に知ることができたなどの特段の事情がない限り、その定めに従って職務を遂行すれば免責される旨主張するが、社外監査役が、監査体制を強化するために選任され、より客観的、第三者的な立場で監査を行うことが期待されていること、監査役は独任制の機関であり、監査役会が監査役の職務執行に関する事項を定めるに当たっても、監査役の権限の行使を妨げることができないことを考慮すると、社外監査役は、たとえ非常勤であったとし

ても、常に、取締役からの報告、監査役会における報告などに基づいて受動的に監査するだけで足りるものとはいえず、常勤監査役の監査が不十分である場合には、自ら調査権を駆使するなどして積極的に情報収集を行い、能動的に監査を行うことが期待されているというべきであり、被告の主張は採用することはできない（資料版商事法務 199号248頁以下）。

この訴訟では、非常勤の社外監査役も被告として訴えられていたが、被告の1人の社外監査役が、監査役には職務分担の定めが設けられていたから、その定めに従って適切に職務執行を行っていれば免責されると主張したのに対し、判決は、監査役は独任制で、しかも調査権もあることから、たとえ非常勤の社外監査役であっても、職務分担外であるからという理由で責任を免れることにはならないというのが、この判決の判断である。

この判決の判断は、非常勤社外監査役の主張について、監査役の監視義務について一般論を述べたものであるが、この裁判所のこの判断は、非常勤の社外監査役には厳しい判断であると感じられるものと思われる。

というのは、ほとんどの社外監査役というのは定例の取締役会に出席し、取締役会における報告を聞き、また、監査役会に出席し、議題や報告事項を検討することが主な職務であって、この判決が指摘するような常勤監査役の監査が不十分である場合には、自ら調査権を駆使して積極的に情報収集を行い、能動的に監査をするなどということを認識している監査役は少ないし、実際、社外監査役にはそのような能動的な調査は人的にも時間的にも困難であると感じている監査役が多いのではないかと思われる。

しかし、この判決の判断が間違っていないことは明らかであり、監査役の監視義務は、取締役の職務執行全般に及ぶのであり、取締役の責任が問われる事案については、常に監査役も責任を問われる危険があるのである。

そして、監査役がその責任を問われないためには、取締役の責任を問うべき事案が生じたときには、監査役から積極的に法的対応を取らなければならない事態も生じるのである。

なお、この大和銀行代表訴訟では、ニューヨーク支店に往査をした監査役

1名について、会計監査人による財務省証券の保管残高の確認方法が不適切であることを知り得たのに、是正しなかった点について責任ありとの認定をしたが、結論としては、この監査役については、損害の主張、立証がないとして、賠償責任は問われていない。

6. 監査役が取締役を訴えた事例①(春日電機事件)

① 監査役による取締役の職務執行の差止請求(東京地裁平成20年11月26日)
　Ａ社の常勤監査役が、代表取締役の職務執行の差止仮処分の申立てを行い、裁判所が債権者の申立てを認める決定を出した。
② 監査役による株主総会開催禁止仮処分(東京地裁平成20年12月3日)
　Ａ社の常勤監査役が、株主総会開催禁止仮処分の申立てを行い、裁判所が債権者の申立てを認める決定を出した。
　この２つの事件は同じ会社(春日電機株式会社)の事案であり、株主総会開催禁止仮処分は、臨時株主総会を開催して、代表取締役が自らの意に沿った取締役、監査役の選任を行おうとしたものである。
　この事例からも明らかなように、監査役が取締役を訴えるというのは実は、取締役と監査役との間に対立関係を生じさせることになり、監査役としては、極めて難しい選択を迫られるものである。

7. 監査役が取締役を訴えた事例②(昭和ゴム事件)

　社外監査役が取締役を訴えた昭和ゴム株式会社の事例から、取締役に対し、監査役はいかに対応すべきかについて検討する。
　なお、この事例は、事例としては特殊な事例といえるかもしれないが、監査役はそれぞれの場面でどのように対応すべきかを考えるときに、難しい判断を求められる事例として参考になる。

(1) 監査役による２つの訴訟提起

　この事例は、上場会社の社外監査役が取締役を訴えたという事案であるが、

事案の経過が若干特異な経過をたどっていることから、最初に事案の概要、経過を述べておく。
 (1) 訴訟提起：平成20年6月18日　第1訴訟提起
　　　　　　　　同年6月24日　第2訴訟提起
 (2) 原告：社外監査役
 (3) 被告：第1訴訟：取締役6名
　　　　　第2訴訟：取締役7名
 (4) 訴訟内容
　開示された情報から、訴訟内容は、会社が本業以外の事業に資金を投じて損失を被ったという理由による取締役の善管注意義務違反、忠実義務違反を理由とする損害賠償請求訴訟である。
 (5) 第1回口頭弁論　平成21年2月17日
　第1回口頭弁論期日は通常訴訟提起から1、2か月後に開かれるが、本件は約8か月経過した後に開かれている。

(2) 事案の特殊性

　本件事案は、監査役の1名が原告となり平成20年6月に訴訟提起をしているが、訴訟提起後に当該監査役は退任し（任期満了によるものかどうかは不明であるが、おそらく任期満了によると思われる）、後任の監査役が原告として訴訟を進行したようである。なお、この会社は平成20年6月29日に株主総会を開催している。
　この事案には、監査役として、法的判断を求められる難しい問題がいくつか存在している。
① 　監査役間の意見の対立
　この会社は東証2部に上場している会社であり、訴え提起をした原告はその社外監査役である。提訴は平成20年6月であるが、それ以前の5月に個人株主から提訴請求がなされていたようであり、この訴訟は、その提訴請求を受けての監査役による訴え提起のようである。

ただし、会社の開示情報を見る限り、監査役会の意見は一致していなかったためか、原告となった当該社外監査役が単独で訴訟提起をしている。

株主は、取締役の責任追及をする株主代表訴訟を提起することができるが、それに先立って、監査役に対し提訴請求をし、監査役が取締役に対し訴え提起をしない場合に初めて株主が訴え提起をすることができる。

本件は、この株主からの提訴請求を受け、社外監査役が提訴をした事案であるが、社外監査役が1人で提訴したということは、監査役間で意見の対立があったということと思われる。

② 後任監査役による訴訟承継

この訴訟については、平成21年2月23日付で、会社から「当社による当社取締役に対する訴訟提起に関するお知らせ」というものが出されており、そこには次のような記載がある。

「××（訴えを提起した監査役）を引き継いだ当社監査役（上記「お知らせ」によると監査役は3名である）において、その目的及び手続について調査し、上記各訴訟の取下げも含めて検討しておりました。

（中略）

検討の結果、当社監査役△△（後任の監査役）が、上記各訴訟について、その訴訟提起の目的は不当なものであった疑いがあるものの、訴訟提起の手続に必ずしも明確な違法はなかったものと判断し、今般、訴訟を進行させることにいたしました。」

この事案は、当初訴えを提起した監査役は、提訴をした直後に退任し、実際に訴訟が始まる時点では監査役ではなくなっていたのである。

そして、後任の監査役が、この訴訟をそのまま継続すべきか取下げをすべきかを検討し、検討の結果、最終的には、訴訟を継続することになったというのが上記お知らせの内容であり、この訴訟継続の検討のために、訴訟提起から第1回期日までに8か月を要することとなっている。

③　後任監査役の訴訟継続の判断

　株主から提訴請求がなされて、実際に監査役が取締役を訴えるというケースは、ごく少数ではないかと思われる。そして、訴訟提起に至るケースでも、監査役の意見が一致して訴訟提起に至ることは稀であって、おそらく、訴訟提起に至るケースというのは監査役間の意見が一致しないまま、一部の監査役が訴訟提起をするというケースになると思われる。というのは、全監査役の意見が「取締役の責任追及をする」ということで一致するような明白な事例の場合は、株主から提訴請求が来て、訴訟提起に至るというようなことはなく、株主からの提訴請求に至らない段階で解決していると思われるからである。

　つまり、監査役が訴えるというケースは、監査役間で意見が一致しないまま特定の監査役が訴訟提起に至ることになることが多いと思われる。

　そして、前任の監査役が取締役の責任追及をする訴訟提起をし、訴訟提起をした監査役がその後退任した場合、後任の監査役がその訴訟をそのまま引き継ぐかについては、難しい判断を求められる事案も出てくる。

　本件事案の場合、後任の監査役が訴訟を進行させることになった理由について、上記お知らせは、「その訴訟提起の目的は不当なものであった疑いがあるものの、訴訟提起の手続に必ずしも明確な違法はなかった」と述べている。

　まず、「訴訟提起の目的は不当なものであった疑いがある」と述べている。これはどういうことかというと、実は本件では、後任の監査役のうち1人は、本件会社の顧問弁護士であり、訴訟提起をした監査役の行為について、取締役としての任務懈怠はないという意見を会社宛に出しているのである。

　つまり、監査役の訴訟提起について、後任監査役は正当な目的で提訴したものではないという判断をしていたのであり、それゆえ「その訴訟提起の目的は不当なものであった疑いがある」と表明しているのである。

　監査役が取締役を訴えるということは、取締役の違法行為について、その責任を追及するということであるはずであるが、本件訴訟提起については、

後任監査役は「目的が不当なものであった疑いがある」として、損害賠償請求以外の不当な目的で訴訟提起がなされたのではないかとの判断をしているのである。

ところが、後任の監査役は、目的が不当である疑いがあるにもかかわらず、この訴訟の取下げはせず、訴訟の進行を選択したとしている。そして、その理由については、「訴訟提起の手続に明確な違法はなかった」と訴訟提起の目的ではなく、手続が違法かどうかを判断基準としたと述べている。

なぜ、このような判断をしたのかは、監査役としてどのように対応すべきかについて、示唆を与えるものである。

後任の監査役は、訴訟提起の目的は不当ではないかという疑念を抱いたが、手続に明確な違法はなかったから訴訟は続行するということである。言い換えれば、手続が違法であれば取下げもあり得たが、後任の監査役としては、訴訟係属している以上、取り下げる明確な根拠となるものがないから、取下げはすべきではないという判断をしたのである。

④　後任監査役による訴訟取下げの判断

監査役が取締役に対し、責任追及の訴訟を提起するということは、上場会社の場合、開示されることによって会社自体の社会的なマイナスイメージも大きいものであり、監査役が取締役に対し訴訟提起をする場合、証拠を十分精査し、勝訴の見通しが高いという判断がなければ訴訟提起の判断はできない。

これに対し、すでに提起されている訴訟を承継するかどうかという本件事案の場合、いったん提訴され、係属している訴訟を後任の監査役が取り下げるということになると、取下げをする明確な理由が必要になる。それは、結局のところ「請求の理由がない」ということになるが、その判断を後任の監査役が行うというのは極めて難しい判断であるし、その判断は裁判所が行うべき判断を監査役が行ってしまうともいえることになる。

その判断を監査役が行うのは困難であるだけでなく、場合によっては、取下げをしたことによって、今度は監査役の取下げ行為の責任を追及される危険性を孕んでいるといえる。

本件事案が、手続の違法性はないといったのは、手続の違法性であれば監査役においても判断が可能であるが、訴訟の内容についての判断を監査役が行うことは監査役が訴えられるリスクがあると判断したものともいえる。その意味で本件は、監査役の立場の微妙さを示すものとして貴重な事例である。

8. 提訴請求対応と監査役の意見の不一致

以下では、監査役が提訴請求を受けた場合の対応について述べる。

(1) 提訴請求書

会社法第847条第1項は、株主が会社に対し、取締役等に対する責任追及の訴え提起をするよう請求することができると定めている。会社法第386条第2項第一号では、提訴請求は監査役設置会社の場合、監査役宛に請求をすることが必要となる。

次に、会社法第847条第3項は、会社が提訴請求の日から60日以内に訴訟提起をしないときは、提訴請求をした株主は訴訟提起をすることができると定めているので、提訴請求を受けた監査役は、請求を受けた日から60日以内に提訴するか否かの判断をしなければならないということになる。

提訴請求に対して提訴するかどうか判断するためには、この60日の間に調査が必要になる。

(2) 提訴請求後の監査役の対応

① 監査役会の招集

提訴請求書を受領した監査役は速やかに監査役会を招集し、提訴請求書に対する対応を協議する必要がある。その場合、迅速な対応が要求されることから、担当監査役を決めることと、どのようなスケジュールで調査、検討をするかについて監査役間の認識を共通にしておく必要がある。

なお、監査役会議事録を作成するのは当然であるが、各監査役は以後の検討過程をメモ等の書類で残しておくべきである。というのは、今後の検討に

よっては監査役間の意見に不一致が生じる可能性があり、対応によっては、監査役の責任追及に発展する危険性もあることから、自らの判断過程を記録しておくことは不可欠である。

② 担当監査役の選任と担当部下の選任

最初の監査役会で担当監査役を決定し、指名された担当監査役は速やかに必要な資料収集、調査を行う必要があるが、資料収集等には手足となって行動する部下が必要になる。

③ 資料収集

担当監査役は部下が選任されたら、会社の法務、総務、経理等、提訴請求の対象となっている事項に関連する部署に資料の提出を求める必要がある。内容によっては、対象部署から協力を得ることが困難な場合も予想されるが、その目的を十分に説明し、粘り強く資料提出を要請すべきである。

④ 顧問弁護士からの意見聴取

提訴請求は法的問題が関係することから、まずは会社の顧問弁護士に意見を聞く必要がある。

ただし、ここで注意が必要なことは、会社の顧問弁護士は、経営陣と親密な関係にあることも多く、必ずしも客観的かつ公正な意見聴取ができるとは限らないということである。しかも、事案によっては、すでに顧問弁護士が関与している事案であることもあり得るのであり、顧問弁護士からの意見聴取というのはあくまでも参考意見として考えることが必要である。

⑤ 外部弁護士からの意見聴取

監査役が提訴の可否を判断するには法律の専門家である弁護士の意見は不可欠であるが、前述のように顧問弁護士は微妙な利害関係を有している場合が多いことから、外部の弁護士からの意見聴取は不可欠である。

特に、最終的に訴訟提起をするという判断に至った場合には、弁護士に訴訟提起の委任をせざるを得ないが、その場合は、監査役が取締役を被告として提訴することになるから、顧問弁護士に依頼することは適切ではなく、顧問弁護士以外の弁護士からの意見聴取は不可欠である。

⑥　該当取締役からの事情聴取

　資料収集、弁護士の意見聴取等が終了した時点で、該当取締役から事情聴取をする必要がある。

　これまでに収集した資料をもとにできるだけ詳細な事情聴取を行い、提訴するか否かについての判断ができるまで事情聴取をすることになる。

　そして、事情聴取の結果については記録し、保存する必要がある。

⑦　監査役会の招集

　ここまでの調査を行ったのち、2回目の監査役会を招集し、提訴するかどうかについての意見交換を行うことになる。

　当然のことながら、監査役は単独で訴訟提起ができることから、意見の一致は不要である。

（3）監査役間の意見の不一致

　監査役間の意見が一致しない場合、その後の対応がどうなるかであるが、提訴すべきという判断に至った監査役のみが訴訟提起をするということになる。

　取締役に責任ありと考えるか、責任なしと考えるかは事案によって微妙な場合も少なくないはずであり、監査役間で意見が分かれることも、必ずしも不自然というわけではない。

　要は、どちらの結論になろうとも、個々の監査役がどのような資料をもとにどのような判断を行ったかという判断過程を記録し、後日、その判断過程が検証できるようにしておくことである。

　なお、開示されている情報のみでははっきりしないが、前述の昭和ゴム事件は社外監査役のみが原告となっていることから、監査役間の意見が一致せずに、社外監査役のみが原告となって、取締役を訴えたという経過であると思われる。

9. 提訴後の対応

(1) 株主代表訴訟と訴訟上の和解の可否

　代表訴訟も和解で解決をすることはできるが、会社が当事者ではない場合、和解をするには、裁判所は会社に対して和解内容を通知し、異議があれば2週間以内に述べるべき旨を催告することとなっており、この通知は監査役が受領することになっている。

　そして、期間内に異議が述べられない限り、会社が和解を承認したものとみなされることになる。

　この和解に関する定めは、代表訴訟であるから、原告が株主、被告が取締役の場合であり、和解の可否については監査役会が判断することになるが、最終的な判断のためには、弁護士等の専門家の意見を聞くのが妥当である。

(2) 監査役提訴の場合の和解の判断

　では、提訴請求に対し、監査役が原告となって取締役を訴えた場合に、訴訟上の和解はどうなるであろうか。

　提訴請求をした株主に代わって監査役が原告になったのであり、株主代表訴訟の場合の和解の催告先が監査役であることからすると、原告となっている監査役が和解の可否の判断をする権限があると考えるのが自然である。そのため、会社に通知することなく、原告監査役が会社代表者として和解の可否の判断ができるとも考えられる。

10. 勝訴判決と回収

(1) 株主代表訴訟の原告勝訴と回収

　株主代表訴訟において原告株主が勝訴した場合、敗訴した被告取締役が任意に支払わない場合その回収は誰が行うのかという問題がある。

(2) 会社による回収

　株主代表訴訟による原告勝訴判決は、「被告は、株式会社××に対し、金×円を支払え」という内容になる。したがって、被告が任意に支払わない場合、強制執行は原則として会社が行うことになると思われる。

　しかし、会社と取締役との関係から、会社（取締役）が強制執行の申立てをしない場合もあり得るが、そのような場合、監査役は取締役に対し、速やかに強制執行をするように促す必要がある。監査役が回収のための対応を怠ると、今度は、監査役が責任を問われることもあり得ることになる。

(3) 回収不能の判断

　最近の代表訴訟においては、1億円を超える賠償額を認めた判決もあり、金額によっては、被告取締役の支払能力を超えるのではないかと思われるケースもある。

　そのような場合、例えば一部回収をし、その余は回収不能であるという判断をどの段階で誰が行うかというのも難しい判断となる。

　回収の相手は被告となった現役の取締役、あるいは退任した取締役であるから、全財産を強制執行してまで回収するということについては躊躇をすることもあり得る。

　しかし、ここでも回収を躊躇すると今度は回収を怠ったことについて、監査役が取締役の職務執行の監視義務違反の責任を問われる危険性がある。

　このように監査役は法的責任追及の具体的局面においては極めて苦しい立場に立たざるを得なくなるという特殊性がある。監査役及び監査役になろうとする者はそのことを十分に認識する必要がある。

第2編

監査役の危機対応

第4章　監査役の職務・権限・義務・責任

第5章　監査報告の意義・分析・実例

第6章　企業不祥事が起きたときの監査役の心構え

第7章　監査役を巡る紛争例

第4章

監査役の職務・権限・義務・責任

1. 監査役が身につけておくべき法知識

　本章では、監査役の職務・権限・義務・責任の観点から、監査役として当然身につけておくべき法律的な基礎知識を整理する。

2. 監査役の職務

(1) 監査役の職務（役割）

　監査役の職務は、取締役（会計参与設置会社にあっては、取締役及び会計参与）の職務の執行を監査することにある（会381①）。

　取締役は、会社から業務の執行を委任されており、法令及び定款ならびに株主総会の決議を遵守し、善管注意義務をもって（会330、民644参照）、会社のために忠実にその職務を行う義務を負っている（会355）。

　取締役が忠実に職務を執行しているか否かについては、株主が株主総会において権利行使をすることによって監督するほか、すべての取締役で組織される取締役会が、その議論や決議を通して監督するものとされている（会362②）。

　しかし、株主総会は、通常は年に1回しか開催されない。その株主総会で、取締役の業務執行を日常的に観察しているわけではない株主が、株主としての権利を行使することによってすべての取締役を監督することは、あまり期待できない。また、取締役会は業務執行を行う取締役によって組織されるものであり（会362①）、相互監視という意味はあるが、取締役の職務執行に対する十分な監督を期待することまではできない。

そのため、株主総会、取締役会とは別に監査役を設け、取締役の職務の執行を監査するものとされた。つまり、監査役は、取締役の職務の執行を監査することにより、取締役が法令及び定款ならびに株主総会の決議に違反することを未然に防ぐ役割が期待されている。

監査役は、「自分こそが、コーポレート・ガバナンス上、重要な役割を担っているのだ」という自覚をもって職務に臨むべきである。

(2) 会計監査と業務監査

取締役の職務は、会計に関する事項と会計以外の業務に関する事項とに分けることができる。監査役の監査も、取締役の職務の分類に応じ、会計監査と業務監査とに分けることができる。なお、公開会社でない株式会社で、監査役会及び会計監査人をいずれも設置していない会社は、監査役の監査の範囲を会計に関するものに限定する旨を定款で定めることができる（会389①）。

① 会計監査

(1) 会計監査とは

会計監査とは、取締役の会計に関する職務執行を監査することをいい、会社法においては、計算関係書類の監査（会389③、会施規108一）と会計に関する株主総会議案の監査等（会389③、会施規108二～四）をいう。

監査役が監査すべき計算関係書類には次のものがある（会施規2③十一、会計規2③三）。

1） 各事業年度に係る計算書類（貸借対照表、損益計算書、株主資本等変動計算書、個別注記表（会435②、会計規59①））及びその附属明細書
2） 臨時計算書類（貸借対照表、損益計算書）
3） 連結計算書類（連結貸借対照表、連結損益計算書、連結株主資本等変動計算書、連結注記表）

また、会計に関する株主総会議案の監査等を行うにあたっては、有価証券報告書や税務申告書等をチェックするほか、剰余金処分の妥当性を判断し、会計監査人設置会社の場合には、会計監査人監査の相当性も判断しなければ

ならない。
(2) 会計監査の実施方法

会計監査を実施するにあたっては、まず、監査計画に会計監査についての項目を挙げ、主に担当する監査役とその他の担当監査役を決める。そして、定期的に会計帳簿や計算関係書類等の信頼性について監査を行っていく。

会計監査人設置会社以外の監査役設置会社の場合、監査役は会計監査を実施した上で、監査報告を作成しなければならない（会計規122、123）。したがって、監査役が実施すべき監査の内容は、監査報告に記載すべき内容を基準として設定するのが合理的である。

監査報告に記載すべき内容としては、次のものがある（会計規122）。

1) 監査役の監査の方法及びその内容
2) 計算関係書類が当該株式会社の財産及び損益の状況をすべての重要な点において適正に表示しているかどうかについての意見
3) 監査のため必要な調査ができなかったときは、その旨及びその理由
4) 追記情報
5) 監査報告を作成した日

また、監査役会設置会社の場合には、監査役会は、監査役が作成した監査報告に基づき、監査役会の監査報告を作成しなければならず、監査役会監査報告に記載すべき内容としては、次のものがある（会計規123）。

6) 2)～4)に掲げる事項
7) 監査役及び監査役会の監査の方法及びその内容
8) 監査役会監査報告を作成した日

(3) 会計監査人設置会社における会計監査

会社法は、大会社及び委員会設置会社について会計監査人の設置を義務づけており（会328、327⑤）、会計監査人が、計算書類（貸借対照表、損益計算書、株主資本等変動計算書、個別注記表）及びその附属明細書、臨時計算書類（貸借対照表、損益計算書）ならびに連結計算書類（連結貸借対照表、連結損益計算書、連結株主資本等変動計算書、連結注記表）を監査することとしている（会

396①)。

　会計監査人設置会社においては、監査役は、会計監査人による監査に関して、会計監査人の監査の方法または結果が相当でないかどうかを監査し、相当でないと判断したときは、その旨と理由を監査報告に記載する（会計規127二）。

　会計監査人による監査の方法及び結果に対する監査方法としては、次のような方法が考えられる。

a)　会計監査の方法に関する報告聴取

　会計監査人から次のような事項について報告を受け、各事項についての相当性を判断する。

　　1）　監査方針
　　2）　監査計画
　　3）　準拠すべき監査水準
　　4）　監査の実施状況
　　5）　決算監査の状況

b)　監査役独自の会計監査及び実地棚卸しへの立会い

　会計監査人設置会社では、会計監査人の監査を活用することにより、監査役としての会計監査についての意見を表明することができるのであるが、全く会計監査をしなくてもよいということではない。監査役としても、少なくとも重点項目については監査計画に従って独自の会計監査を行っていく必要がある。そして、監査役独自の会計監査の結果に照らして、会計監査人の監査結果の相当性を判断すべきである。

　ただし、監査計画作成の段階で会計監査人の監査との調整を十分に行っておく必要がある。会計監査人は期末監査において実地棚卸しを実施するのが通常であるが、監査役もこれに立ち会うことが望ましい。

② 業務監査

(1)　業務監査とは

　業務監査とは、取締役の職務執行について、法令・定款違反の行為または

著しく不当な行為がないかどうかを監査することをいう。
(2) 業務監査の実施方法

　会社法では、監査役に様々な権限を付与している（調査権限・報告権限・是正権限等。監査役の権限の詳細については、後述する「3．監査役の権限」を参照のこと）。

　監査役は、期中監査及び期末監査において、会社法によって付与されたこれらの権限を行使して、取締役の業務執行に関する情報を収集した上で違法性がないかどうかを調査する。調査の結果、問題が発見された場合には、その是正を図らなければならない。

　監査役が自ら有している権限を適切に行使しない場合、業務監査を十分に行ったとは言えず、善管注意義務違反であるとして責任追及を受ける危険性がある。

　そのような危険性を回避するためには、「適切に権限を行使し監査を行った」ということの「証跡」を残しておくことが必要不可欠である。

　「証跡」の残し方としては、まず、取締役会や監査役会等の議事録に自らの発言内容を記載させることが考えられる。

　書類を監査したときには、監査のつど、サインや押印をしておくとよい。電子データを監査するときには、データをプリントアウトし、監査した箇所にサインや押印をして保管しておくとよい。監査した日付が重要な基準となると考えられる場合には、監査した日付と時刻まで記載しておけばなおよい。

　また、取締役の業務執行を監査するには、最終的には取締役から直接回答してもらうことが必要である。取締役と面談した場合には、その面談記録を残しておく。さらに取締役から確認書を提出してもらうことも考えられる。

　コーポレート・ガバナンス上、重要な役割を担っている監査役としては、積極的に権限行使をして監査を行うべきであり、監査を実施した場合にはその「証跡」を残しておく、という意識を常にもっておく必要がある。

(3) 適法性監査と妥当性監査

監査役の監査は、取締役の職務執行が法令・定款に適合しているかどうかを監査する「適法性監査」に限られるのか、それとも取締役の経営意思の決定として妥当かどうかを監査する「妥当性監査」にまで及ぶのかについては議論がある。

学説の多数は、適法性監査に限られるとしている。その根拠としては、取締役の経営意思の決定として妥当かどうかは、実際に業務執行を行っている取締役で構成される取締役会において判断することが適切であると考えられているためである。

しかし、監査役は株主総会に提出される議案等に「著しく不当」な事項があると認めるときは、その調査の結果を株主総会に報告しなければならないとされている（会384）。したがって、監査役はその範囲で妥当性についても監査することになる。これを妥当性監査であると理解するか、それとも、取締役の職務執行が著しく妥当性を欠く場合は、取締役の善管注意義務・忠実義務違反となるから適法性監査の範囲内であると理解するかには、実質的な違いはない。

このほか、内部統制システム等についての取締役会の決定が相当でないと認めた場合はその旨及びその理由を監査報告の内容とすること（会施規129①五、130②二）や、会社の支配に関する基本方針（いわゆる「買収防衛策」）についての意見を監査報告の内容とすること（会施規129①六）など、監査役に妥当性監査を認めていると理解することが可能な規定もある。

したがって、適法性監査に限られるか、妥当性監査にまで及ぶかという議論の必要性は、現在ではあまり大きくはない。

3. 監査役の権限

監査役は、コーポレート・ガバナンス上、重要な役割を担っている。このような役割を担っている監査役が職務を適正に遂行できるようにするために、会社法は監査役に対して以下のような権限を与えている。

これらの権限を行使することは、監査役にとっては義務でもある。監査役がこれらの権限を適切に行使しない場合には、監査役としての善管注意義務違反が問われる。監査役としては、自らが善管注意義務に違反していると言われないよう、取締役に対して臆することなく、与えられた権限を適切に行使しなければならない。

(1) 調査権限
① 取締役等への事業報告請求権・業務財産調査権
(1) 取締役等への事業報告請求権・業務財産調査権とは

　監査役は、いつでも、取締役及び会計参与ならびに支配人その他の使用人に対して事業の報告を求め、または、会社の業務及び財産の状況の調査をすることができる（会381②）。

　権利行使の時期については、「いつでも」と規定されているから、法律上は何らの制限もない。取締役等に対し、必要な都度報告を求めてもよいし、定期的に報告を求めてもよい。

　請求の相手方は取締役に限らず、会計参与、支配人その他の使用人に対しても直接報告するように請求することができる。

　また、「事業の報告」を求めることができるとされており、これについての制限はないから、会社の事業全般についての報告を求めることができる。

　請求の方法についても制限はない。書面でも口頭でもよい。

　なお、取締役会設置会社の監査役には、取締役会への出席義務及び意見陳述義務が課されている（会383①）。監査役にこのような義務が課されているのは、取締役会において違法あるいは著しく不当な決議がなされることを防止するためであり、業務財産調査権の一環として取締役会への出席権・意見陳述権があると理解することができる。したがって、監査役は、必要があれば、業務財産調査権を行使して、取締役会のみならず、経営会議、常務会、リスク管理委員会、コンプライアンス委員会その他の重要な会議または委員会に出席し、意見を述べることもできる。

(2) 取締役等への事業報告請求権・業務財産調査権の具体的な行使方法

a) 取締役会等の重要会議への出席

　上記のとおり、監査役は、業務財産調査権の一環として取締役会等の重要会議へ出席することができる。その際の監査のポイントは次のとおりである。

　ⅰ) 取締役会招集手続の監査

　　監査役は、取締役会の招集手続が法令・定款及び取締役会規則の規定どおりに行われているかをチェックしなければならない。

　ⅱ) 取締役会の議事運営の監査

　　監査役は、取締役会の議事運営が適切になされているかどうかをチェックしなければならない。定足数や決議要件の確認、議事録の作成・署名ならびに本店での備置きがなされているかどうか等を確認する。

　ⅲ) 取締役会の決議内容の監査

　　監査役は、取締役会の決議が法令・定款に適合しているかどうかをチェックしなければならない。取締役会には必ず出席して、取締役会での質疑を聴取し、取締役会に提出された議案や書類等が法令・定款に適合しているかどうかを確認する。

b) 取締役等に対するヒアリング

　取締役や使用人に対し、直接ヒアリングをすることも重要である。

　会社法は、取締役や使用人に対する事業報告請求権・業務財産調査権は「いつでも」行うことができると定めているが、取締役や使用人の都合も考えたほうがかえって効果が上がる。

　ヒアリングの日時・場所は、監査役と調査される側の取締役が協議の上決定する。支店や工場が調査の対象となっている場合には、その支店や工場でヒアリングを行うとよい。

　また、事前に調査項目を取締役や使用人に配布しておき、ヒアリング当日までに回答を準備してもらっておくと効果的である。

c) 重要書類の閲覧・現物の実地確認

　取締役や使用人に対するヒアリングと並行して、関係する重要書類の閲覧

や現物の実地確認も行う。

　事前にどのような書類や現物があるのかを確認しておき、当日準備しておいてもらうように配慮しておくと、スムーズに閲覧・確認ができる。

② 子会社調査権

　監査役は、その職務を行うため必要があるときは、子会社に対して事業の報告を求めることができ、または子会社の業務及び財産の状況を調査することができる（会381③）。

　ただし、子会社は、正当な理由があるときは、報告または調査を拒むことができる（会381④）。「正当な理由」とは、監査役の権限行使が、その職務の遂行に必要ではなく、子会社調査権の濫用に当たる場合である。

　なお、理由のいかんを問わず、報告・調査を拒絶された監査役は、その旨を監査報告に記載しなければならない（会施規129①四、会計規122①三、127五）。

(2) 報告権限

① 監査報告の作成

　監査役は、取締役の職務執行を監査した結果を株主等に報告する必要がある。そのため監査役は、各事業年度ごとに監査報告を作成しなければならない（会381①、436①、会施規129、会計規122、127）。

　監査報告には、次の事項（監査役会設置会社の監査役の監査報告の場合は、1）〜6）までの事項）を記載しなければならない（会施規129①）。

　1） 監査役の監査（計算関係書類に係るものを除く）の方法及びその内容
　2） 事業報告及びその附属明細書が法令または定款に従い会社の状況を正しく示しているかどうかについての意見
　3） 取締役の職務の遂行に関し、不正の行為または法令もしくは定款に違反する重大な事実があったときは、その事実
　4） 監査のため必要な調査ができなかったときは、その旨及びその理由
　5） 内部統制システムの整備についての取締役の決定または取締役会の

決議の内容が相当でないと認めるときは、その旨及びその理由
  6）　買収防衛策が事業報告の内容となっているときは、当該事項についての意見
  7）　監査報告を作成した日

　監査役が作成した監査報告は、株主総会招集通知に添付されるほか、本店に備え置かれ（支店には写しが備え置かれ）、株主・会社債権者・親会社社員の閲覧に供される（会437、442）。

　なお、監査役の監査の範囲を会計に関するものに限定する旨の定款の定めがある会社の監査役は、上記の事項に代えて、事業報告を監査する権限がないことを明らかにした監査報告を作成しなければならない（会施規129②）。

② 　株主総会提出議案・書類の調査・報告

　監査役は、取締役が株主総会に提出しようとする議案、書類、電磁的記録その他の資料を調査しなければならない。この場合、法令・定款に違反し、または著しく不当な事項があると認めるときは、その調査の結果を株主総会に報告しなければならない（会384、会施規106）。

(3)　是正権限

① 　取締役への報告・取締役会招集請求権

(1)　取締役・取締役会への報告

　監査役は、取締役が不正の行為をし、もしくは不正な行為をするおそれがあると認めるとき、または法令もしくは著しく不当な事実があると認めるときは、遅滞なく、その旨を取締役（取締役会設置会社にあっては、取締役会）に報告しなければならない（会382）。

　監査役から報告を受けた取締役や取締役会は、不正行為をしようとしている取締役に対し、職務の執行を停止したり、代表権を剥奪したりするなどの必要な処置をとることができる。監査役による取締役・取締役会への報告は、取締役の不正行為を是正する契機となるものである。取締役の不正な行為を発見した監査役は、積極的に取締役・取締役会への報告をすべきである。

(2) 取締役会招集請求権

　しかし、肝心の取締役会が開催されないのでは、監査役は取締役会へ報告することができない。そのため監査役は、必要があると認めるときは、取締役に対して取締役会の招集を請求することができるものとされている（会383②）。

　監査役が取締役に対して取締役会の招集を請求したにもかかわらず、請求した日から5日以内に、その請求があった日から2週間以内の日を取締役会の日とする取締役会の招集通知が発せられない場合は、その請求をした監査役は、自ら取締役会を招集することができる（会383③）。

② 違法行為の差止請求権

(1) 違法行為差止請求権とは

　監査役は、取締役が会社の目的の範囲外の行為その他法令もしくは定款に違反する行為をし、またはこれらの行為をするおそれがある場合において、当該行為によって会社に著しい損害が生ずるおそれがあるときは、当該取締役に対し、当該行為をやめることを請求することができる（会385①）。

　例えば、招集手続に重大な瑕疵のある株主総会の開催の差止めや、善管注意義務に違反する重要な業務執行行為の差止めなどが考えられる。

　ただし、取締役が法令・定款違反の行為をしているというだけでは足りず、その行為によって会社に「著しい損害が生ずるおそれがある」ことが要件とされている。したがって、取締役の違法行為を何でも差し止められるわけではない。しかし、会社に「著しい損害が生ずるおそれがある」と認めるときは、監査役は積極的に差止請求権を行使すべきである。

(2) 違法行為差止請求権の行使方法

　取締役の違法行為の差止請求権の行使方法に特に制限はない。違法行為差止請求訴訟を提起することも違法行為差止請求権を行使したことになるし、訴訟外で文書により請求することも、一応、違法行為差止請求権を行使したことにはなる。

　しかし、違法行為差止請求訴訟を提起したところで、判決が確定するまで

の間に、その取締役に違法行為を実行されてしまっては、監査役が違法行為差止請求権を有している意味がない。

そのため、取締役の違法行為差止請求権を効果的に行使するため、裁判所に対して仮処分命令（取締役に対し、その行為の不作為を命ずる仮の地位を定める仮処分。民事保全法23②）を申し立てる方法をとることが通常である。

なお、仮処分命令を発令するときは、申立人に担保を立てさせるのが通常であるが、監査役の申立てにより、裁判所が仮処分をもって取締役に対し、その行為をやめることを命ずるときは、担保を立てさせないものとされている（会385②）。制度的にも、監査役の取締役に対する違法行為差止請求権をバックアップしているといえる。

③　会社・取締役間の訴訟
(1)　会社・取締役間の訴訟の会社の代表者

監査役は、会社が取締役（取締役であったものを含む）に対し、または取締役が会社に対し訴えを提起する場合には、当該訴えについては、監査役が会社を代表する（会386①）。また、株主の会社に対する取締役の責任を追及する訴えの提訴の請求を受ける場合、及び提訴した株主から訴訟告知や和解の通知・催告を受ける場合も、監査役が会社を代表する（会386②）。

すなわち、取締役が任務を怠ったことにより会社に損害を与えたときは、取締役は会社に対して損害を賠償する責任を負うが（会423①）、この場合、監査役が会社を代表して、取締役に対し損害賠償を求める訴訟を提起することができる。

取締役に対する違法行為差止請求権が事前の制度であるのに対し、取締役に対する損害賠償請求制度は事後の制度である。会社法は、監査役に対し、事前と事後に取締役の責任を追及する権限を与えているといえる。

(2)　取締役の責任追及に関する監査役の裁量権

監査役は、取締役に責任がある場合には必ず提訴しなければならないのか、それともそれ以外の会社の利益も考慮して提訴しないという判断をすることも可能であるのかについては、説が分かれている。

監査役は検察官ではない。監査役に取締役の責任を追及する権限が与えられているのは、社会正義を実現するためではなく、あくまでも会社の利益を守るためである。

　したがって、取締役が責任を負うことが明らかである場合でも、取締役に全く資産がなかったり、損害賠償額が極めて少額で、たとえ会社が勝訴しても訴訟費用にも満たない金額しか回収できず、会社に全く利益がないことが明らかである場合には、監査役が取締役に対して提訴しなくても任務懈怠には当たらないというべきである。

　他方、取締役の責任を追及するために訴訟を提起することは会社の信用を害する、といった政策的理由に基づいて、監査役が取締役に対して提訴しないことも許されるとする学説もあるが、「会社の信用」を理由として提訴しないということは許されるべきではない。確かに「会社の信用」は重要である。しかし、責任があることが明らかな取締役に対し、監査役が何らの権限行使もせずに放置することによって、「この会社は自浄作用がない会社である」との印象を与え、かえって「会社の信用」を害することもある。「会社の信用」を言い訳にして、監査役が取締役に対し提訴しないということがあってはならない。監査役は与えられた権限を誠実に行使すべきである。

④　取締役の責任の一部免除等への同意
(1)　取締役の責任の一部免除等への同意とは

　取締役の会社に対する責任を免除するには、総株主の同意を要するのが原則である（会120⑤、424、462③但書、464②、465②）。

　ただし、取締役の会社に対する責任（利益相反取引のうち直接取引の相手方である者の責任を除く。会428②）は、取締役が職務を行うにつき善意・無重過失であった場合には、①株主総会の特別決議（会425①）、②定款の定めに基づく取締役・取締役会の決定（会426①）、③責任限定契約（社外取締役の場合。会427①）のいずれかの方法で、賠償額の一部を免除することができる。

　これらの規定に合わせて、①取締役が株主総会に取締役の責任の一部を免除する議案を提出する場合（会425③一）、②取締役・取締役会の決定により

取締役の責任の一部免除ができる旨の定款変更議案を株主総会に提出する場合、定款の定めに基づく責任の免除についての取締役の同意を得る場合及びその責任の免除に関する議案を取締役会に提出する場合（会426②）、③社外取締役の会社に対する責任について責任限定契約を締結できる旨の定款変更議案を株主総会に提出する場合（会427③）には、監査役の同意（監査役が2人以上ある場合には、各監査役の同意）を要するものとされている。

(2) 同意に際しての留意事項

　取締役の責任の一部免除が許されるのは、取締役が職務を行うにつき善意・無重過失であった場合に限られる。株主総会に取締役の責任の一部免除に関する議案が提出される場合、総会招集決定の取締役会において、取締役が職務を行うにつき善意・無重過失であったかどうかが議論されるはずである。

　監査役としては、この取締役会での質疑を通じて、同意すべきか否かを判断すべきである。ただし、「善意・無重過失」であったかどうかは法律的な判断を要する。また、監査役は、この同意をするかどうかを決定するにあたっては、責任の一部免除の要件を充たしているかどうかの確認だけでなく、同意をすることが会社の企業価値の向上に資するかどうかという観点から判断すべきであるといわれている。会社の利益を判断基準とする以上は、取締役の善管注意義務だけでなく、忠実義務的な要素も加味して判断すべきであろう。

　このように、監査役は極めて法律的な判断を求められているから、場合によっては、弁護士に相談することが必要である。そのような場合に備えて、会社の顧問弁護士のほかに、監査役・監査役会の顧問弁護士がいるとよい。

　なお、監査役として適切に権限を行使したことを立証できるように、同意した事項または協議した事項については、必ず議事録を作成し、保存しておくことも忘れてはならない。

⑤　各種訴訟提起権

　監査役は、会社の違法行為の是正のため、各種の会社訴訟を提起する権限を有しており、会社の組織に関する行為の無効の訴え（会828②）及び株主

総会決議取消しの訴え（会831①）を提起することができる。

また、特別清算開始の申立て（会511①）及び特別清算開始後の調査命令の申立て（会522①）をすることもできる。

(4) 監査役及び会計監査人の地位に関する権限
① 監査役選任議案の提出に対する同意権

取締役は、監査役がある場合において、監査役の選任に関する議案を株主総会に提出するには、監査役（監査役が2人以上ある場合にはその過半数、監査役会設置会社である場合には監査役会）の同意を得なければならない（会343①③）。

つまり、監査役・監査役会は、取締役が株主総会に提出する監査役選任議案に対し、拒否権を有しているといえる。これは監査役の独立性を確保するために設けられた制度である。

② 監査役選任議題・議案の提案権

監査役（監査役会設置会社である場合には監査役会）は、取締役に対し、監査役の選任を株主総会の目的とすることを請求することができる（会343②前段、③）。「監査役選任の件」を株主総会に付議するように取締役に請求するものである。例えば、特定の候補者を示さず、単に監査役の増員を請求するような場合である。

また、監査役（監査役会設置会社である場合には監査役会）は、監査役の候補者を特定して、取締役に対し、その選任に関する議案を株主総会に提出することを請求することもできる（会343②後段、③、会施規76①四）。

監査役・監査役会から、上記の請求があったにもかかわらず、取締役がその請求に係る事項を株主総会の目的とせず、またはその請求に係る議案を株主総会に提出しなかったときは、取締役は100万円以下の過料に処せられる（会976二十一）。

つまり、監査役・監査役会は、監査役の選任に関して拒否権を有するだけでなく、取締役に対し積極的に働きかけをすることができ、取締役はこれを

③ 株主総会における意見陳述権

監査役は、株主総会において、監査役の選任もしくは解任または辞任について意見を述べることができる（会345④①、会施規76①五）。

他の監査役の選任・解任・辞任について意見を述べることができるし、自らが再任されないことについても意見を述べることができる。

また、辞任した監査役は、辞任後最初に招集される株主総会に出席して、辞任した旨及びその理由を述べることができる（会345④②）。

④ 監査役の報酬等についての協議権

監査役の報酬等（報酬、賞与その他の職務執行の対価として会社から受ける財産上の利益のことをいう。会361①）は、定款にその額を定めていないときは、株主総会の決議によって定めるものとされている（会387①）。

監査役が2人以上ある場合において、各監査役の報酬等について定款の定めまたは株主総会の決議がないときは、定められた報酬等の総額の範囲内で、監査役の協議によって配分を定める（会387②）。

これは、監査役に適正な報酬等を確保し、取締役からの監査役の独立性を保証する趣旨である。したがって、取締役にその配分を一任することはできない。他方、特定の監査役への配分の一任は認められ、取締役が配分の原案を示すことも許されると理解されている。

なお、「監査役の協議」とは、全員一致の決定をいう。協議が不調の場合は、会社は報酬を支払えない。

⑤ 監査役の報酬等に関する意見陳述権

前述のとおり、監査役に適正な報酬等を確保し、取締役からの監査役の独立性を保証する趣旨から、監査役の報酬等は定款にその額を定めていないときは、株主総会の決議によって定めるものとされている（会387①）。

したがって、株主総会において取締役の報酬等と一括して決議することは認められないと理解されており、さらに、監査役は株主総会において、監査役の報酬等について意見を述べることができる（会387③）。

⑥　監査費用等請求権

　監査役がその職務の執行について会社に対して次の請求をしたときは、当該会社は、当該請求に係る費用または債務が当該監査役の職務の執行に必要でないことを証明した場合を除き、これを拒むことができない（会388）。

　1）　費用の前払いの請求
　2）　支出した費用及び支出の日以後におけるその利息の償還の請求
　3）　負担した債務の債権者に対する弁済（当該債務が弁済期にない場合にあっては、相当の担保の提供）の請求

　もともと監査役と会社は準委任の関係にあるから（会330）、監査役は会社に対し職務の執行に必要な費用の支払い等を請求できる（民649、650）。しかし、その必要性を監査役が証明しなければならないとすると、監査役が積極的に監査すればするほど、それに要した費用を会社に請求できなくなるおそれが出てくる。そうすると、監査役は自腹を切ってまで積極的に監査しようとは思わなくなるであろう。そのため、必要性の証明責任を会社に負わせることにより、監査の充実を図ろうとしたものである。

⑦　会計監査人選任・解任議案等への同意権

　監査役設置会社においては、取締役が次の行為をするには、監査役（監査役が2人以上ある場合にはその過半数、監査役会設置会社である場合には監査役会）の同意を得なければならない（会344①③）。

　1）　会計監査人の選任に関する議案を株主総会に提出すること
　2）　会計監査人の解任を株主総会の目的とすること
　3）　会計監査人を再任しないことを株主総会の目的とすること

　これは、会計監査人の取締役からの独立性を確保することを目的としている。

⑧　会計監査人選任・解任議題・議案の提案権

　監査役（監査役会設置会社である場合には監査役会）は、取締役に対し、次の行為をすることを請求することができる（会344②③）。

　1）　会計監査人の選任に関する議案を株主総会に提出すること

2）　会計監査人の選任または解任を株主総会の目的とすること
　3）　会計監査人を再任しないことを株主総会の目的とすること
　これは会計監査人の取締役からの独立性を確保することに加えて、監査役に会計監査人を選任するイニシアティブを与えることを目的としている。
　なお、監査役・監査役会から、上記の請求があったにもかかわらず、取締役がその請求に係る事項を株主総会の目的とせず、またはその請求に係る議案を株主総会に提出しなかったときは、取締役は100万円以下の過料に処せられる（会976二十一）。
⑨　会計監査人の報酬等の決定への同意権
　取締役が、会計監査人または一時会計監査人の職務を行うべき者の報酬等を定める場合には、監査役（監査役が2人以上ある場合にはその過半数、監査役会設置会社である場合には監査役会）の同意を得なければならない（会399①②）。
　会計監査人の取締役からの独立性を確保する趣旨である。
　なお、監査役・監査役会のこの権限は、会計監査人の報酬決定に関する同意権限であって、決定権限ではない。
⑩　一時会計監査人の選任権
　会計監査人が欠けた場合、または定款で定めた会計監査人の員数が欠けた場合において、遅滞なく会計監査人が選任されないときは、監査役は、一時会計監査人の職務を行うべき者を選任しなければならないとされている（会346④）。

4. 監査役の義務

(1) 善管注意義務

　会社と監査役との関係は、委任に関する規定に従う（会330）。したがって、受任者である監査役は、善良なる管理者の注意をもって、職務を遂行する義務（善管注意義務）を負う（民644）。
　「善良なる管理者の注意義務」とは、行為者が有している能力や注意力と

は関係なく、その地位や状況に応じて通常期待される程度の抽象的・一般的な注意義務のことをいう。

監査役は、取締役の職務の執行を監査することを委任されているのであるから、会社の業務や経理等について相当程度の知識・経験・監査能力があることが通常期待されている。

よって、監査役の善管注意義務の程度は、会社の業務や経理等について相当程度の知識・経験・監査能力がある者が監査を行うにあたって通常払うであろう注意の程度である。

監査役が自らの能力では最大限の注意を払ったとしても、監査役として通常期待されている注意の程度に達していない場合、善管注意義務違反となる。

監査役たる者は、監査能力を高めるための努力を継続し、善管注意義務を厳守しなければならない。

(2) 取締役・取締役会への報告義務

監査役は、取締役が不正の行為をし、もしくは当該行為をするおそれがあると認めるとき、または法令もしくは定款に違反する事実もしくは著しく不当な事実があると認めるときは、遅滞なく、その旨を取締役（取締役会設置会社にあっては、取締役会）に報告しなければならない（会382）。

前述したように（本章3(1)①）、監査役にこのような義務が課されているのは、取締役会において違法あるいは著しく不当な決議がなされることを防止するためであり、業務財産調査権の一環として取締役会への出席権・意見陳述権があると理解することができる。つまり、会社法第382条による取締役・取締役会への報告は、監査役の義務であると同時に権限でもある。

(3) 取締役会出席義務・意見陳述義務

監査役は、取締役会に出席し、必要があると認めるときは、意見を述べなければならない（会383①本文）。

監査役は、取締役の職務執行を監査する権限を有しているが（会381①）、

取締役は取締役会において業務執行の決定を行う。そのため、監査役が職務の執行をするには、取締役会に出席し、取締役会における取締役の職務執行を監査する必要がある。また、取締役会において、違法・不当な決議が行われるような場合には、監査役は取締役会において積極的に意見を述べる必要がある。さらに、監査役が取締役会に出席することにより、会社の業務に関する様々な情報を得ることができる。

このようなことから、監査役に取締役会出席義務及び意見陳述義務が課されている。

これらは「義務」として規定されているが、監査役としては、積極的に取締役会に出席して、必要があれば積極的に意見を述べるべきであり、むしろ、積極的な「権限」と認識するほうが適切であろう。

なお、前述したように（本章3(3)①）、監査役には、取締役会招集請求権が与えられているが（会383②）、これは監査役の「権限」であると同時に義務でもある。取締役会を招集する必要があると認められるのに、監査役が取締役会招集請求権を行使せず、会社に損害を与えたときは、監査役は会社に対し任務懈怠の責任を負う。また、取締役に対する違法行為差止請求権（会385①。本章3(3)②）も、監査役の「権限」であると同時に「義務」でもある。

(4) 監査報告作成義務

前述したとおり（本章3(2)①）、監査役は、取締役の職務執行を監査する権限が与えられており、その監査結果を株主等に報告する必要がある。また、会社は各事業年度に係る計算書類（貸借対照表、損益計算書、株主資本等変動計算書、個別注記表）及び事業報告ならびにこれらの附属明細書を作成しなければならないが（会435②）、これらの書類は、監査役の監査を受けなければならない（会436①）。

そのため監査役は、各事業年度ごとに監査報告を作成しなければならない（会381①、会施規129、会計規122、127。なお、大会社の監査報告の作成権限は監査役会にある。会390②一）。

監査役が監査報告を作成することは、「権限」であると同時に「義務」でもある。

なお、監査役が監査報告に記載（記録）すべき事項を記載（記録）せず、または、虚偽の記載（記録）をしたときは、100万円以下の過料に処せられる（会976七）。

(5) 株主総会への報告義務
① 株主総会への報告義務とは

前述したとおり（本章3(2)②）、監査役は、取締役が株主総会に提出しようとする議案、書類、電磁的記録その他の資料を調査しなければならない。この場合、法令・定款に違反し、または著しく不当な事項があると認めるときは、その調査の結果を株主総会に報告しなければならない（会384、会施規106）。

この株主総会への報告は、監査役の「権限」であると同時に「義務」でもある。

監査役に株主総会への報告義務を負わせる目的は、株主が適切な判断をするための情報を提供し、違法・不当な議案等が株主総会に提出されて、違法・不当な決議がなされ、あるいは報告がなされることを防止することにある。

② 調査の対象

調査の対象となるのは、取締役が株主総会に提出しようとする議案、書類、電磁的記録等である。

「議案」とは、会社法または定款の規定により株主総会で決議されるべき事項（議題）について、取締役が株主総会に提出しようとする議案である。

「書類」とは、計算書類（貸借対照表、損益計算書、株主資本等変動計算書、個別注記表）、事業報告のほか、報告事項を含む株主総会の判断の対象または資料として提出すべきすべての書類等が含まれる。

③ 報告の内容

監査役は、調査の結果、法令・定款に違反し、または著しく不当な事項があると認めるときは、その調査の結果を株主総会に報告しなければならない。

「法令違反」にいう「法令」とは、会社法や商法のみならず、税法や独占禁止法その他あらゆる法令が含まれる。

「著しく不当な事項」とは、取締役の職務執行が善管注意義務（会330）ないし忠実義務（会355）違反となるような不当な事項である。それは必ずしも明白に違法性を帯びているものには限られない。

このように、監査役は違法または著しく不当な事項について、株主総会への報告義務を負っているが、違法であるかどうか、あるいは著しく不当であるかどうかについては、法令の解釈や社会通念の考え方によって、監査役の意見と取締役会の意見とが対立することもある。このような場合、監査役は、会社の顧問弁護士以外の弁護士や公認会計士等の専門家に相談し、意見を求めて、慎重に調査・検討をすべきである。このようなことがあるから、会社の顧問弁護士とは別に、監査役会の顧問弁護士がいると監査役の職務の遂行に資する。

専門家の意見等を踏まえて、監査役は取締役会等でその意見を述べ、できる限り取締役会と意見の調整を図るべきである。そして、取締役が株主総会に提出しようとしている議案や書類等の内容について修正を求めて、違法または著しく不当な議案や書類等が株主総会に提出されることを阻止するように努めるべきである。

監査役がこのような努力をしたにもかかわらず、監査役と取締役会との意見の調整が図れないとき、監査役は監査役としての意見を株主総会に報告する。

報告は書面でも、電磁的記録でも口頭でもよいとされている。監査役が複数いる場合、株主総会への報告は各監査役が行うべきであるが、各監査役の意見が一致した場合には、そのうちの1名が全監査役を代表して意見を報告すればよい。

監査役が株主総会に対し、虚偽の申述を行い、または事実を隠蔽したときは100万円以下の過料に処せられる（会976六）。

なお、株主総会に提出すべき議案について、会社法第384条に基づいて報

告すべき調査結果があるときは、その結果を株主総会参考書類に記載しなければならない（会施規73①三）。

(6) 株主総会での説明義務
① 株主総会での説明義務とは

取締役、会計参与、監査役及び執行役は、株主総会において、株主から特定の事項について説明を求められた場合には、当該事項について必要な説明をしなければならない（会314）。

株主が株主総会において質問をし、意見を述べることができるのは当然のことであるが、これを取締役・監査役等の説明義務として明文で規定しているのは、次のような理由による。すなわち、従来の株主総会がいわゆる総会屋の主導によって形骸化し、株主の正当な質問権も十分に行使できない状態にあったので、これを是正するため、取締役・監査役の自覚を促し、総会屋によって株主の正当な質問が不当に抑圧されることを防止するためである。

取締役・監査役が、株主の質問に対し十分な説明をしないまま株主総会の決議がなされた場合には、その決議は、決議の方法に瑕疵があるとして、株主から決議取消しの訴え（会831①一）を提起される危険性がある。したがって、取締役・監査役の説明義務は極めて重要な義務であることを自覚し、株主総会に先立ち、議長との間で議事運営について十分に打合せをしておく必要がある。

② 説明義務者とその分担

株主の質問が、会社の業務執行に関する事項に関するものである場合には、議長または議長が指名した取締役が説明する。

株主の質問が、監査に関する事項に関するものである場合には、監査役が説明する。監査役が複数いる場合、監査役は各自が独立の機関であるから、各監査役が説明義務を負っている。しかし、各監査役の意見が一致しているものについては、監査役の協議によって、代表して説明する監査役を決定することができる。

また、仮に株主が「X監査役に説明してもらいたい」と、特定の監査役を指名して質問した場合でも、その質問の内容がY監査役が分担している事項に関するものである場合には、Y監査役が説明するほうが合理的である。したがって、X監査役が特段の意見を有している場合は別として、Y監査役が説明しても構わない。ただし、その際には、株主が自分の発言を無視されたと誤解しないように、議長は、「株主様のご質問の事項につきましては、Y監査役が担当しておりますので、Y監査役からご説明させて頂きます」などと述べ、Y監査役は「株主様のご質問の事項について担当しております監査役のYでございます。X監査役の意見も私と同様でございますので、私からご説明させて頂きます」などと述べるとよい。

③　説明義務の範囲

　監査役の説明義務の対象となる事項は、株主が質問した監査に関する「特定の事項」である。しかし、次の場合には、説明を拒むことができる（会314但書、会施規71）。これは、株主の正当な質問権の行使の限界を明らかにして、質問権の濫用を防止するためである。

(1)　質問事項が株主総会の目的事項に関しないものである場合

　「株主総会の目的事項」とは、株主総会の報告事項と決議事項をいう。したがって、事業報告、貸借対照表及び損益計算書の報告なども説明義務の対象となる。

　株主総会は、あらかじめ会議の目的事項として株主に通知した事項（会299④②、298①）に限って報告を行い審議をするものである。よって、株主の質問もこれらの事項に限定される。この範囲を逸脱した質問に対しては、説明の義務はない。

(2)　その説明をすることにより、株主の共同の利益を著しく害する場合

　説明をすることにより企業秘密が明らかとなり、その結果、会社の営業に支障を来たし、会社の利益すなわち株主の共同の利益が害されるような場合をいう。

　具体的に説明を拒絶できるかどうかは、説明をすることにより株主が得る

利益（説明の必要性の程度）と、そのことにより会社すなわち株主が被る不利益との利益衡量によって決まる。
(3) 株主が説明を求めた事項について説明をするために、調査をすることが必要な場合

　株主の質問について回答するためには調査をすることが必要であり、ただちに答弁できない場合をいう。ただし次の場合は説明を拒むことができない。
　　1）　当該株主が株主総会の日より相当の期間前に当該事項を会社に対して通知した場合
　　2）　当該事項について説明するために必要な調査が著しく容易である場合
(4) 株主が説明を求めた事項について説明をすることにより、会社その他の者（当該株主を除く）の権利を侵害することとなる場合
(5) 株主が当該株主総会において、実質的に同一の事項について繰り返して説明を求める場合
(6) その他、株主が説明を求めた事項について説明をしないことにつき、正当な理由がある場合

　例えば、取締役・監査役が全く関知していない事項について説明を求められた場合、説明することにより当該役員あるいは親族または会社が刑事責任を追及されるおそれがある場合、調査をするためには社会通念上不相当な費用を要するときなどが考えられる。

5. 監査役の責任

(1) 会社に対する責任

① 任務懈怠責任

　監査役は、その任務を怠ったときは、会社に対し、これによって生じた損害を賠償する責任を負う（会423①）。

　任務を怠った監査役が2人以上いるときは、それらの監査役は連帯して会社に対して損害賠償責任を負い、取締役も会社に対し責任を負うときは、そ

の取締役も監査役と連帯して損害賠償責任を負う（会430）。

　複数の監査役がいる場合、職務分担の取り決めをすることが多いが、監査役の責任は法律上区別されていないから、監査役は自分の分担以外の部分についても善管注意義務を負っている。したがって、監査役相互に情報交換をせず、他の監査役の任務懈怠を監視しなかった場合には、任務を懈怠した監査役のみならず、監視を怠った監査役も会社に対し責任を負うことになる。

　監査役会設置会社においては、監査役会の決議に参加した監査役で議事録に異議をとどめないものは、その決議に賛成したものと推定される（会393④）。決議に反対した監査役は、自らが決議に反対したことが議事録に明確に記載されているかどうか確認してから捺印すべきである。

　なお、取締役の場合と異なり、監査役会において決議に賛成しても任務懈怠が推定されることはない（会423③参照）。決議に賛成した監査役についても、その決議時の任務懈怠の有無が問題となる。

② 　総株主の同意による責任の免除

　監査役の会社に対する任務懈怠による損害賠償責任は、原則として、総株主の同意がない限り免除されない（会424）。

③ 　責任の一部免除

(1) 　責任の一部免除とは

　監査役の任務懈怠責任は、その監査役が職務を行うにつき善意で重過失のないときは、株主総会の特別決議または定款の定めに基づく取締役・取締役会の決定により、賠償責任額から次の１）～３）の合計額（「最低責任限度額」という）を控除して得た額を限度として免除することができる（会425、426、会施規113、114）。

　「限度として免除することができる」とは、少なくともその控除される額、つまり最低責任限度額については賠償責任を負わなければならない、ということである。

　　１）　報酬等の２年分
　　２）　退職慰労金×２／在職年数

3) 新株予約権（ストック・オプション）行使による利益
(2) 責任の一部免除の手続
　監査役の責任の一部免除については、取締役が議案を株主総会等に提出する際に各監査役の同意を得る必要はない。しかし、定款の定めに基づいて取締役・取締役会の決定によって監査役の責任を免除するためには、監査役設置会社でかつ取締役が2人以上あることが要件とされている（会426①）。
(3) 株主総会への開示・株主に対する通知及び開示
　株主総会によって監査役の責任を免除する場合、取締役は、1）責任の原因となった事実及び賠償責任を負う額、2）免除することができる限度額及びその算定の根拠、3）責任を免除すべき理由及び免除額、を株主総会に開示しなければならない（会425②）。
　また、定款の規定に基づき取締役会において責任免除の決議をした場合、取締役は、遅滞なく、1）責任の原因となった事実及び賠償責任を負う額、2）免除することができる限度額及びその算定の根拠、3）責任を免除すべき理由及び免除額、4）異議がある場合には一定期間（1か月を下ることができない）内に異議を述べるべき旨を公告し、または株主に通知しなければならない（会426③）。これに対し、総株主の議決権の100分の3（これを下回る割合を定款で定めた場合には、その割合）以上を有する株主が当該期間内に異議を述べたときは、会社は定款の規定に基づく責任免除をすることができない（会426⑤）。
(4) 責任免除後の退職慰労金の支給等に対する株主総会の承認
　責任免除決議を株主総会または取締役会で行った後に、会社が当該監査役に退職慰労金等の財産上の利益を与えるとき、または当該監査役が特に有利な条件で引き受けた新株予約権を行使し、または譲渡するときには、株主総会の承認を得なければならない（会425④、426⑥）。
　また、当該監査役がストック・オプションとして付与された新株予約権証券を所持するときは、当該監査役は、責任免除決議後、遅滞なく当該新株予約権証券を会社に預託しなければならず、預託後は、譲渡について株主総会

の承認を受けた後でなければ、当該新株予約権証券の返還を求めることができない（会425⑤、426⑥）。

④　社外監査役に関する定款に基づく責任限定契約

(1)　社外監査役に関する定款に基づく責任限定契約とは

　社外監査役の任務懈怠責任については、当該社外監査役が職務を行うにつき善意でかつ重大な過失がないときは、定款で定めた額の範囲内であらかじめ会社が定めた額と最低責任限度額とのいずれか高い額を限度とする旨の契約を社外監査役と締結することができる旨を定款で定めることができる（会427①）。

(2)　責任の限度額

　社外監査役が責任を負う額の限度は、定款で定めた額の範囲内であらかじめ会社が定めた額と最低責任限度額とのいずれか高い額である。最低責任限度額は、株主総会の特別決議または定款の定めに基づく取締役・取締役会の決定による責任の一部免除の場合と同様である。

(3)　株主総会への開示

　責任限定契約を締結した会社が、当該契約の相手方である社外監査役が任務を怠ったことにより損害を受けたことを知ったときは、その後最初に招集される株主総会において、１）責任の原因となった事実及び賠償責任を負う額、２）免除することができる限度額及びその算定の根拠、３）責任限定契約の内容及び当該契約を締結した理由、４）任務懈怠により生じた損害のうち、当該社外監査役が賠償する責任を負わないとされた額、を開示しなければならない（会427④）。

(4)　責任免除後の退職慰労金の支給等に対する株主総会の承認

　社外監査役が責任限定契約に基づき、責任の一部を免除された後の退職慰労金の支給等に株主総会の承認を要することは、株主総会の特別決議に基づく責任免除後の退職慰労金の支給等と同様である。ストック・オプションとして付与された新株予約権証券の取扱いについても同様である（会427⑤、425④⑤）。

(2) 第三者に対する責任

① 悪意・重過失による任務懈怠責任

監査役がその職務を行うについて悪意または重大な過失があったときは、監査役は、これによって第三者に生じた損害を賠償する責任を負う（会429①）。

この責任は、監査役が職務を行うについて悪意または重大な過失があったこと、第三者について損害が発生したこと、及び損害と監査役の任務懈怠との間に相当因果関係があること、の3つの要件がそろったときに発生する。ただし、監査役は取締役と異なり対外的な業務活動を伴わないため、第三者に対して直接損害を与えることは極めて少ないといわれている。

なお、他の監査役も賠償責任を負うときは、連帯債務者とされる（会430）。他の取締役が賠償責任を負うときも同様である。

② 監査報告の虚偽記載の責任

監査役が監査報告に記載し、または記載すべき重要な事項について虚偽の記載・記録をしたときは、その行為をすることについて注意を怠らなかったことを証明しない限り、第三者に生じた損害を賠償する責任を負う（会429②三）。

監査報告は、監査役の監査結果をまとめたものであり、特に正確性、真実性が要求される。第三者が監査報告の記載（記録）を信頼して会社と取引をした場合、その重要な事項に虚偽の記載があったために損害を被ったときは、監査役はその第三者に対し損害を賠償しなければならない。その際、その第三者は監査報告の重要事項に虚偽の記載があったことと、それによって損害を被ったことさえ立証すればよく、監査役に過失があったことは立証する必要がない。監査役が責任を免れるためには、注意を怠らなかったこと（＝過失がなかったこと）を自ら証明しなければならない。

なお、他の監査役も賠償責任を負うときは、連帯債務者とされる（会430）。

《参考文献》

- あずさ監査法人著『新会社法による 取締役・執行役・監査役実務のすべて』（2006年、清文社）
- 島村昌孝著『「知らなかった」では済まされない 監査役の仕事』（2007年、日興企画）
- 経営法友会 会社法問題研究会編『監査役ガイドブック（全訂版）』（2006年、商事法務）
- 森井英雄著『新 監査役の法律と実務』（2007年、税務経理協会）
- 高橋均著『監査役監査の実務と対応』（2008年、同文館出版）
- 江頭憲治郎著『株式会社法（第3版）』（2009年、有斐閣）
- 間藤大和・平野俊明・中村直人共著『監査役ハンドブック（第2版）』（2009年、商事法務）
- 落合誠一編『会社法コンメンタール8－機関(2)』（2009年、商事法務）

第5章

監査報告の意義・分析・実例

1. 監査報告の概要

(1) 監査報告の意義

　監査役は、取締役の職務の執行を監査し、監査結果について、監査報告を作成しなければならない（会381①）。加えて、監査役会設置会社においては、監査役会の監査報告を作成しなければならない（会390②一）。監査報告は、計算書類及び事業報告ならびにこれらの附属明細書を監査し、監査結果について作成される（会436）。

　作成された監査報告は、定時総会における株主の意思決定のための資料として、株主に提供される（会437）。監査役及び監査役会の業務の本質は、株主に代わって取締役を監査することであるから、日々行う監査の積み重ねを株主に対して報告する監査報告は、いわば監査役としての仕事の総まとめに当たるものといえる。監査報告の作成は、執行部とは異なる立場から客観的に見た会社の業務・会計の状況を、株主に分かりやすく伝えるという観点からなされなければならない。

　また、監査報告は5年間備え置かれ、株主、債権者または親会社社員の閲覧に供される（会442）。監査報告に虚偽の記載や不記載があったために、第三者が損害を被った場合には、注意を怠らなかったことを証明しない限り、第三者に対して責任を負う（会429②）。

　したがって、監査報告は、虚偽の記載や不記載が生じないよう、慎重かつ正確に作成されなければならない。

(2) 監査報告の手続
① 概　観

　会社法、会社法施行規則（以下、「施行規則」という）及び会社計算規則（以下、「計算規則」という）は、提供された書類ごとに、監査報告の記載内容を規定している。また、後述するように、記載内容は、会社の機関設計によって異なっている。

② 監査対象書類の受領

　監査報告の作成は、取締役から事業報告、計算書類、連結計算書類等の監査の対象書類を受領するところから始まる。

　ただし、会計監査人を設置している場合には、計算書類等は、まず会計監査人に提供され（会計規126）、会計監査人は作成した会計監査報告を監査役に通知する（会計規130）。

③ 監査報告の作成

　監査役は、取締役から提供された対象書類につき、各自独立して、監査報告を作成する。会計監査人設置会社の場合、会計監査報告も監査の対象となる。

　監査役会設置会社においては、各監査役の監査報告に基づき、監査役会の監査報告が作成される（会施規130②）。各監査役の監査報告をとりまとめる際には、1回以上、会議を開催するか、情報の送受信により同時に意見の交換をすることができる方法（電話会議等）により、監査役会監査報告の内容を審議しなければならない（会施規130③）。

④ 監査報告の取締役に対する通知

　監査役の監査報告（監査役会設置会社では、監査役会監査報告）の内容は、施行規則または計算規則で定められた通知期限までに法で定められた者（取締役または監査役会及び会計監査人）に対して通知される（会施規132、会計規132）。

⑤ 取締役会における監査報告の承認

　監査報告を受け取った取締役は、取締役会でこれを承認する（会436③）。

⑥　株主への提供と決算

　取締役会の承認後、監査報告は計算書類等とともに株主に提供され（会437）、定時総会での決算手続の資料とされる。

⑦　備置き

　決算終了後、監査報告は会社に備え置かれ、株主、債権者らに対する閲覧等に供される（会442）。

　以上について一覧すると、**図表1**「監査報告の種類ごとの作成・通知スケジュール」のとおりである。

第2編　監査役の危機対応

図表1　監査報告の種類ごとの作成・通知スケジュール

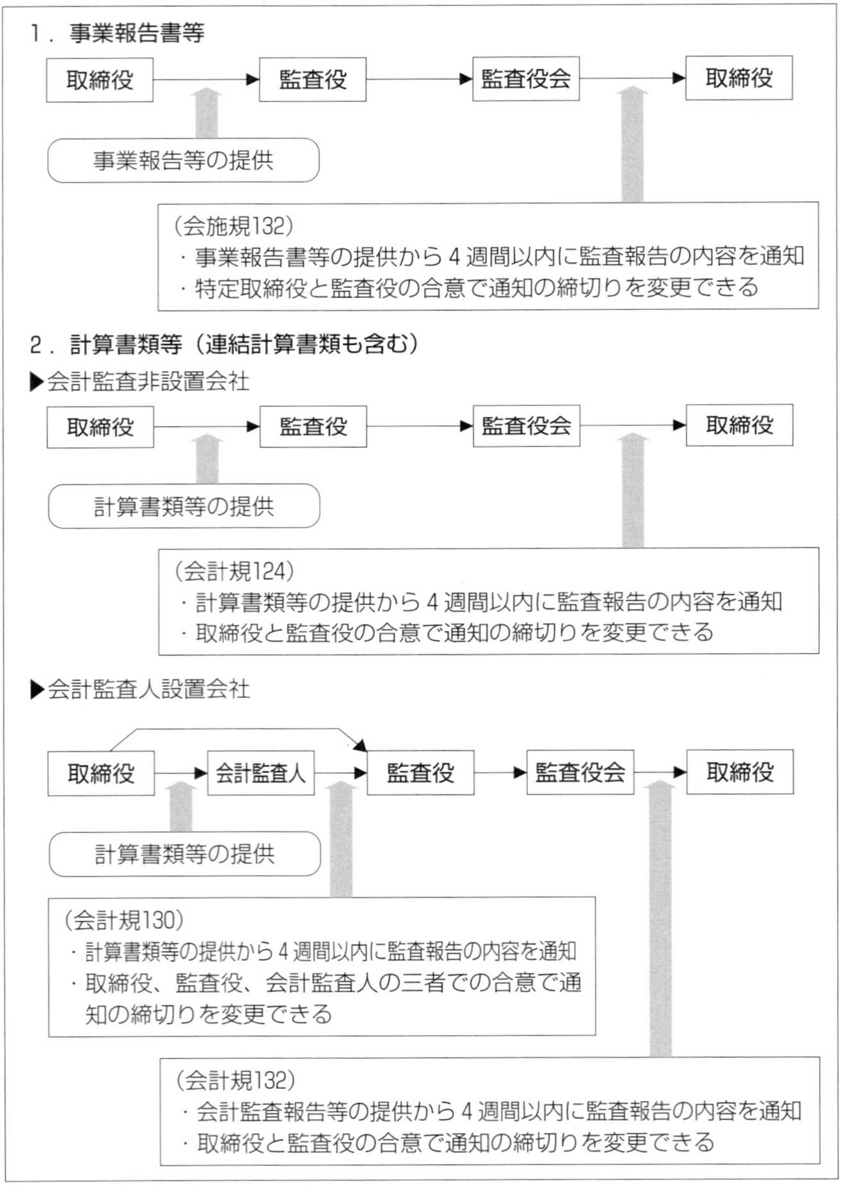

1．事業報告書等

取締役 → 監査役 → 監査役会 → 取締役

事業報告等の提供

（会施規132）
- 事業報告書等の提供から4週間以内に監査報告の内容を通知
- 特定取締役と監査役の合意で通知の締切りを変更できる

2．計算書類等（連結計算書類も含む）

▶会計監査非設置会社

取締役 → 監査役 → 監査役会 → 取締役

計算書類等の提供

（会計規124）
- 計算書類等の提供から4週間以内に監査報告の内容を通知
- 取締役と監査役の合意で通知の締切りを変更できる

▶会計監査人設置会社

取締役 → 会計監査人 → 監査役 → 監査役会 → 取締役

計算書類等の提供

（会計規130）
- 計算書類等の提供から4週間以内に監査報告の内容を通知
- 取締役、監査役、会計監査人の三者での合意で通知の締切りを変更できる

（会計規132）
- 会計監査報告等の提供から4週間以内に監査報告の内容を通知
- 取締役と監査役の合意で通知の締切りを変更できる

⑧ 会計監査人設置会社における注意点

留意すべき点は、会計監査人設置会社では、会計監査人が4週間かけて会計監査報告を作成し、監査役は1週間で監査報告を作成・通知しなければならない点である。そのため、事業報告書等のスケジュールとずれが生じる。また、監査役会設置会社の場合、各監査役の監査報告に加えて監査役会の監査報告も作成しなければならないから、かなりタイトな作業になる。綿密な予定を立てて作業に臨むことが重要であるが、取締役との合意によるスケジュールの修正も利用して、効率的な作業を心がけるべきであろう。

(3) 監査報告の種類

上述したとおり、監査報告は、会社の機関設計に応じて、作成者・監査対象・通知期限が変わる。

図表2　機関設計に応じた監査報告の種類・内容の根拠条文

〈取締役会＋監査役（監査範囲を会計に限定）〉

対　象	内　容	通知期限
事業報告等	法389 施107 施129	―
計算書類等	計122	計124
連結計算書類等	―	

〈取締役＋監査役（監査範囲を会計に限定せず）〉

対　象	内　容	通知期限
事業報告等	法381 施105 施129	施132
計算書類等	計122	計124
連結計算書類等	―	―

〈取締役会+監査役+会計監査人〉

対　象	内　容	通知期限
事業報告等	法381 施105 施129	施132
計算書類等	計127	計132
連結計算書類等	計127	計132

〈取締役会+監査役会〉

対　象	内　容	通知期限
事業報告等	役：法381 施105 施129 会：法390②一号 施130	施132
計算書類等	役：計122 会：計123	計124
連結計算書類等	—	—

〈取締役会+監査役会+会計監査人〉

対　象	内　容	通知期限
事業報告等	役：法381 施105 施129 会：法390②一号 施130	施132
計算書類等	役：計127 会：計128	計132
連結計算書類等	役：計127 会：計128	計132

（略語）法：会社法／施：会社法施行規則／計：会社計算規則
　　　　役：監査役／会：監査役会

2. 監査報告の内容の検討

(1) はじめに

1 (1)で述べたとおり、監査報告は株主等にわかりやすく伝える目的で、慎重かつ正確に、すなわち、「正確かつ明瞭に」作成されなければならない（監査役監査基準第52条第2項）。しかし、このようなスローガンだけではよい監査報告は作成できない。監査報告の基本を理解し、これに工夫を加えるという方法がよい監査報告を作成する近道だといえる。

そこで、以下では、根拠条文を参照しながら、監査報告の記載内容について検討したい。

(2) 監査報告の内容 – 総論

監査報告は、①監査の方法及び内容、②監査の結果（事業報告等と計算書類等の2つ）及び③後発事象ないし追記情報の3つから構成される。このうち、③は監査報告作成時に分からなかった事情を追記するものであり、ここでは検討の対象外とする。

①の監査の方法及び内容には、監査役がどのような方針で調査を行ったか（監査の方針、監査職務の分担の仕方）、実際に行われた具体的な調査の方法（どのような報告を見たか、誰から説明を受けたかなど）を記載する。具体的な調査の方法は、監査役監査実施要領（平成21年7月9日版）第7章、第8章及び本書の記載を参照されたい。「監査の方法の『概要』ではなく具体的な監査の方法の『内容』の記載を要する。」（監査役監査実施要領（平成21年7月9日版）第10章第2項）ことに留意すべきである。調査が適切かつ十分になされていることが、監査結果の透明性・信頼性の基礎となるから、不祥事等が発生した場合には実際に行った監査の方法を詳細に記載することが望ましい。

②の監査の結果には、①で記載された監査の方法及び内容によりなされた監査の結果を記載する。法が定める内容のほか、重大な事故や損害、重大な係争事件（裁判・仲裁等）など会社の状況に関する重要な事実がある場合に

は、事業報告などの記載を確認の上、必要があると認めた場合には記載することが望ましい。各項目の記載内容は、監査役監査実施要領第10章を適宜参照していただきたい。

(3) 機関設計ごとの監査報告

以下では、会社の機関設計に応じた監査報告の概要と根拠条文を説明する。機関設計に応じた監査報告のひな型は、日本監査役協会のホームページ(http://www.kansa.or.jp/index.html)の「電子図書館」の「監査報告書ひな型」で紹介されているので、適宜参考にされたい。なお、ひな型は、「事業報告書等」、「計算書類等」、「連結計算書類等」（関係ある場合のみ）に対する3つの監査報告を一通の文書で作成する方法をとっている。これらの3つをそれぞれ独立に作成することも、このうち2つを一通の文書とし、もう1つを一通の文書とすることも可能である（ただし、実例では、ひな型のように3つの監査報告を一通の文書で行うものがほとんどであろう）。

① 取締役会＋監査役

(ア) 説 明

　この機関設計では、監査役は、取締役から提供された書類について監査報告を作成し、取締役に通知する。

　監査役が複数存在する場合、各監査役が監査報告を作成する。この場合、各監査役の監査報告すべてを取締役に提供することもできるが、監査報告を持ち寄って、1つの監査報告を作成し、これを取締役に提供することができる。

(イ) 監査対象書類と根拠条文

　ⅰ．監査役の事業報告及びその附属明細書の監査報告（会施規129①）

　　① 監査役の監査の方法及びその内容

　　② 事業報告及びその附属明細書が法令または定款に従い当該株式会社の状況を正しく示しているかどうかについての意見

　　③ 当該株式会社の取締役の職務の遂行に関し、不正の行為または法令

もしくは定款に違反する重大な事実があったときは、その事実
　④　監査のため必要な調査ができなかったときは、その旨及びその理由
　⑤　内部統制に関する体制の整備についての取締役会決議（会施規118二）がある場合、その内容が相当でないと認めるときは、その旨及びその内容
　⑥　会社の財務及び事業の方針の決定を支配する者の在り方についての基本方針（会施規118三）が事業報告に記載されているときは、その事項についての意見
　⑦　監査報告を作成した日
　＊②・③・⑤・⑥が「監査の結果」に記載される内容である。
ⅱ．監査役の計算書類及びその附属明細書の監査報告（会計規122）
　①　監査役の監査の方法及びその内容
　②　計算関係書類が当該株式会社の財産及び損益の状況をすべての重要な点において適正に表示しているかどうかについての意見
　③　監査のため必要な調査ができなかったときは、その旨及びその理由
　④　追記情報
　⑤　監査報告を作成した日
　＊②が監査の結果に記載される内容である。
②　取締役会＋監査役＋会計監査人
（ア）説　明
　この機関設計の場合、事業報告及び附属明細書については、取締役会＋監査役類型と手続は変わらない。他方、計算書類等については、監査報告作成に先立って、会計監査人による会計監査報告が作成されるため、監査報告の記載内容も変わる。
　また、会計監査人が設置されているため、会社は連結計算書類を作成できる（会444①）。上場会社などの有価証券報告書提出会社は、連結計算書類の作成が義務づけられている。
　そこで、以下では、計算書類等に関する監査報告について説明し、計算書

類等に関する監査報告、連結計算書類に関する監査報告のひな型を検討する。
（イ）監査対象書類と根拠条文
　　ⅰ．会計監査人設置会社における監査役の計算書類及びその附属明細書に関する監査報告（会計規127）
　　　① 監査役の監査の方法及びその内容
　　　② 会計監査人の監査の方法または結果を相当でないと認めたときは、その旨及びその理由
　　　③ 重要な後発事象（会計監査報告の内容となっているものは除く）
　　　④ 会計監査人の職務の遂行が適正に実施されることを確保するための体制に関する事項
　　　⑤ 監査のため必要な調査ができなかったときは、その旨及びその理由
　　　⑥ 監査報告を作成した日
　　　＊②・④が「監査の結果」に記載される内容である。
③　取締役会＋監査役会
（ア）説　明
　　この機関設計の場合、各監査役は取締役から提供された書類について監査報告を作成し、これを監査役会に通知する。監査役会は、各監査役の監査報告に基づいて監査役会の監査報告を作成し、これを取締役に通知する。
　　監査役会が設置されていない場合と異なり、各監査役の監査報告に監査報告の作成日を記載する必要がない。
　　取締役会＋監査役の場合と重複するが、参照しやすいように、記載内容の一覧を掲げておく。
（イ）監査対象書類と根拠条文
　　ⅰ．監査役の事業報告及びその附属明細書の監査報告（会施規129①）
　　　① 監査役の監査の方法及びその内容
　　　② 事業報告及びその附属明細書が法令または定款に従い当該株式会社の状況を正しく示しているかどうかについての意見
　　　③ 当該株式会社の取締役の職務の遂行に関し、不正の行為または法令

もしくは定款に違反する重大な事実があったときは、その事実
④　監査のため必要な調査ができなかったときは、その旨及びその理由
⑤　内部統制に関する体制の整備についての取締役会決議がある場合、その内容が相当でないと認めるときは、その旨及びその内容
⑥　会社の財務及び事業の方針の決定を支配する者の在り方についての基本方針が事業報告に記載されているときは、その事項についての意見

＊②・③・⑤・⑥が「監査の結果」に記載される内容である。

ⅱ．監査役の計算書類及びその附属明細書の監査報告（会計規122）
①　監査役の監査の方法及びその内容
②　計算関係書類が当該株式会社の財産及び損益の状況をすべての重要な点において適正に表示しているかどうかについての意見
③　監査のため必要な調査ができなかったときは、その旨及びその理由
④　追記情報
⑤　監査報告を作成した日

＊②が「監査の結果」に記載される内容である。

ⅲ．監査役会の事業報告及びその附属明細書の監査報告（会施規130②）
①　監査役及び監査役会の監査の方法及びその方法
②　監査役の事業報告及びその附属明細書の監査報告の②から⑥（以下は、その具体的な内容）

　a）事業報告及びその附属明細書が法令または定款に従い当該株式会社の状況を正しく示しているかどうかについての意見
　b）当該株式会社の取締役の職務の遂行に関し、不正の行為または法令もしくは定款に違反する重大な事実があったときは、その事実
　c）監査のため必要な調査ができなかったときは、その旨及びその理由
　d）内部統制に関する体制の整備についての取締役会決議がある場合、その内容が相当でないと認めるときは、その旨及びその理由

119

　　　　e）会社の財務及び事業の方針の決定を支配する者の在り方についての基本方針が事業報告に記載されているときは、その事項についての意見
　　　③　監査役会監査報告を作成した日
　　＊②のa・b・d・eが「監査の結果」に記載される内容である。
　iv．監査役会の計算書類及びその附属明細書に関する監査報告（会計規123）
　　　①　監査役の計算書類及びその附属明細書に関する監査報告の記載事項②から④（内容は、以下のとおり）
　　　　a）計算関係書類が当該株式会社の財産及び損益の状況をすべての重要な点において適正に表示しているかどうかについての意見
　　　　b）監査のため必要な調査ができなかったときは、その旨及びその理由
　　　　c）追記情報
　　　②　監査役及び監査役会の監査の方法及びその内容
　　　③　監査役会監査報告を作成した日
　　＊①のaが「監査の結果」に記載される内容である。
④　取締役会＋監査役会＋会計監査人
（ア）説　明
　　この機関設計の場合、監査役についても監査役会についても、事業報告等の監査報告の内容は、取締役会＋監査役会類型と変わらない。
（イ）監査対象書類と根拠条文
　i．監査役の計算書類及びその附属明細書に関する監査報告（会計規127）
　　　①　監査役の監査の方法及びその内容
　　　②　会計監査人の監査の方法または結果を相当でないと認めたときは、その旨及びその理由
　　　③　重要な後発事象（会計監査報告に記載されているものを除く）
　　　④　会計監査人の職務の遂行が適正に実施されることを確保するための

体制に関する事項

⑤　監査のため必要な調査ができなかったときは、その旨及びその理由

＊②・④が「監査の結果」に記載される内容である。

ⅱ．監査役会の計算書類及びその附属明細書に関する監査報告（会計規128）

①　監査役及び監査役会の監査の方法及びその内容

②　監査役の計算書類及びその附属明細書に関する監査報告の②から⑤（内容は、以下のとおり）

　a）会計監査人の監査の方法または結果を相当でないと認めたときは、その旨及びその理由

　b）重要な後発事象（会計監査報告に記載されているものを除く）

　c）会計監査人の職務の遂行が適正に実施されていることを確保するための体制に関する事項

　d）監査のため必要な調査ができなかったときは、その旨及びその理由

③　監査報告を作成した日

＊②の a・c が「監査の結果」に記載される内容である。

⑤　取締役会＋監査役（監査の範囲を会計に限定）

この類型では、監査役は、計算書類についてのみ監査を行う（会389）。計算書類の監査報告は、「①　取締役会＋監査役」の記載と同じであるが、事業報告については、事業報告を監査する権限がないことを明らかにした監査報告書を作成しなければならない（会施規129②）。

3. 日本監査役協会が提供する監査報告のひな型の意義

　日本監査役協会の監査報告書ひな型はあくまでもひな型であり、記載内容は、必要かつ十分な内容を簡潔にまとめたものになっている。ひな型は読み手である株主等にとっても安心して読めるというメリットがある。

しかし、内部統制に重要な欠陥があるとの内部統制報告書が出た場合や会社に不祥事が発生した場合には、ひな型による対応が困難になることも多いと思われる。

なぜなら問題が発生した場合、会社に利害関係を有する株主等は詳しい説明を求めるからである。

そこで、以下では、内部統制に重要な欠陥があるとの内部統制報告書が出た場合や不祥事が現実に発生してしまった場合の監査報告の例を検討して、どのような監査報告の書き方が望ましいかを検討したい。

4. 内部統制システムに関する監査報告

(1) 内部統制報告書の監査について―総論

① 検討対象

平成21年7月7日、金融庁が「平成21年3月決算会社に係る内部統制報告書の提出状況について」を発表した。これによると、内部統制報告書を提出した会社数は2,670社である。内部統制報告書の「評価結果の記載状況」の内訳を見ると、内部統制は有効である、と記載した会社が2,605社(97.6%)、重要な欠陥があり、内部統制は有効ではないと記載した会社が56社(2.1%)、内部統制の評価結果を表明できないと記載した会社が9社(9.3%)である。

本章では、内部統制が有効でないと記載された上記56社を検討の対象とする。

② 監査報告の記載に関する一般的事項（日本監査役協会ひな型の注22、23参照）

内部統制システムに関する取締役会決議の内容が「相当でないと認めるとき」（会施規129①五及び130二）は、その旨及びその理由を具体的に記載することが求められている。

特に、監査役の職務を補助すべき使用人に関する事項、取締役及び使用人が監査役に報告をするための体制その他の監査役への報告に関する体制など、監査役の監査が実効的に行われることを確保するための体制（会施規100③各号に掲げる事項）に係る取締役会決議の内容については、監査役による

実行的な監査の前提をなすものとしても重要であり、監査役が求めた補助使用人等の配置が決議されていないなど何らかの問題等が認められる場合には、その旨を記載することとなる。

　内部統制システムの構築及び運用に係る取締役の職務執行の状況に関して特に指摘すべき事項があるときは、その旨を具体的に記載する。内部統制システムに係る取締役会決議の内容は内部統制システムの大綱を定めたものにとどまることが多く、当該取締役会決議の内容は相当であると認められる場合（会施規129①五参照）でも、当該取締役会決議に基づいて担当取締役がその職務執行の一環として現に整備する内部統制システムの状況について、取締役の善管注意義務に反すると認められる特段の問題等が認められる場合には、その旨を記載する。

(2) 内部統制報告書の監査報告の作成
① 作成の方法と基準

　日本監査役協会は、監査役監査実施要領（平成21年7月9日版）の第7章第9項で、内部統制報告書に関する監査報告作成の実施要領を定めている。これによると、「監査の結果」に関しては「内部統制システムに関する取締役の職務の執行について、指摘すべき事項の有無」について、「取締役会決議の内容の相当性」とは区分して、以下のとおり記載する。

「①　監査役の監査方法
　②　監査の結果
　　②-1　内部統制システムに関する取締役会決議の内容の相当性（相当でないと認めるときはその理由も）
　　②-2　内部統制システムに関する取締役の職務の執行について、指摘すべき事項の有無（指摘事項があるときはその内容も）」

② 判断の要点

　監査役は「内部統制システムに係る取締役会決議の内容」について判断する際、総合し以下に示す事項のすべてを満たしている場合には、監査報告に

「相当である」と記載してよい。満たさない場合には、相当でないと認めた旨とその理由を監査報告に記載する。

① 当該取締役会決議の内容が、会社法第362条第４項第六号ならびに会社法施行規則第100条第１項及び第３項に定める事項を網羅していること。
② 当該取締役会決議の内容が、内部統制システム整備のための規程類、組織体制、実行計画、監視活動等に関する基本方針を含んでいること。含んでいない場合にはその正当な理由があること。
③ 当該取締役会決議の内容について、必要な見直しが適時・適切に行われていること。
④ 監査役が助言または勧告した内部統制システムの不備に関する指摘の内容が、取締役会決議において反映されていること。反映されていない場合には正当な理由があること（監査役監査の環境整備事項等に関する監査役会の要請についての対応を含む）。
⑤ 当該取締役会決議の内容の概要が、事業報告において正確かつ適切に開示されていること。

ただし、内部統制システムに係る取締役会決議の内容は内部統制システムの大綱を定めたものにとどまることが多く、当該取締役会決議の内容は相当であると認められる場合でも、当該取締役会決議に基づいて取締役がその職務執行の一環として現に整備する内部統制システムの状況について、取締役の善管注意義務に反すると認められる特段の事象等が認められる場合には、その旨を具体的に記載するべきであることに留意すべきであろう。

次に、「内部統制システムに係る取締役の職務執行に関する監査報告」について、監査役は、内部統制システムの整備状況についての監査実施後の判断結果ならびに代表取締役等または取締役会への助言または勧告にもかかわらず、代表取締役等または取締役会が正当な理由なく適切な対処を行わず、かつ、その結果、内部統制システムの整備状況に重大な欠陥があると認められる場合には、その旨及びその理由を監査報告に記載する。

監査役は、注意義務を尽くして、監査を実施し、発見した不備を分析・評価した結果、著しい不備が認められない場合（監査役が代表取締役等または取締役会への助言または勧告を行った結果、当該不備について対応がなされ、著しい不備が解消された場合を含む）には、監査報告に「指摘すべき事項は認められない」と記載してよい。監査の実施に当たっては、監査役監査実施要領第7章第3項「内部統制システムに係る監査役監査の実施における基本的な考え方」や日本監査役協会が作成している「内部統制システムに係る監査委員会監査の実施基準」（平成21年7月9日版）に準拠すべきである。

最後に、内部統制システムに係る監査または通常の業務監査を行った結果、内部統制システムの整備に係る著しい不備が認められ、当該著しい不備について、代表取締役等または取締役会に対する助言または勧告にもかかわらず、代表取締役等または取締役会が正当な理由なく適切な対処を行わず、かつ、その結果、内部統制システムの整備状況に重大な欠陥があると認められる場合等、取締役の善管注意義務に違反すると判断される重大な事実を認めた場合には、業務監査の一環として「取締役の職務の執行に関する不正の行為または法令・定款違反の重大な事実の有無」に関して指摘しなければならない。

③ 文例集

日本監査役協会が平成21年4月3日に出した「財務報告に係る内部統制報告制度の下での監査報告書記載上の取扱いについて―文例集の作成にあたって―」には、内部統制に関する監査役会の監査報告の文例が記載されている（以下、「文例集」という）。この文例集は、各監査役が作成する監査報告についても、参考になる。

この文例集には、「監査の方法及びその内容」と「監査の結果」に分けて文例が示されており、「監査の結果」については、(1)重要な欠陥がない場合、(2)重要な欠陥がある場合に事業報告にその旨の記載がある場合、(3)重要な欠陥がある場合に事業報告にその旨の記載がない場合、(4)監査報告書作成時点で重要な欠陥の有無に関する評価及び監査が未了の場合という4つの代表的な場合に分けて文例を示している。

ここで留意しなければならないことは、同文例集は簡潔な記載法を示してはいるが、これ以上に詳しい記載を排除するものではないということである。適正な説明責任を果たすために必要であれば、文例以上に踏み込んだ表現も採用されるべきであろう。

(3) 内部統制報告書に関する監査報告の実例と検討（以下は、EDINET（http://www.info.edinet-fsa.go.jp）に掲載されている監査報告の中から一部抜粋したものである。なお、下線は筆者による）

① 文例集の表現に大きな変更を加えない類型
(ア) 監査役監査報告書作成時点で、重要な欠陥がなかったと経営者も監査人もある程度確定的に判定できている場合のひな型を使用するもの
　このグループは、最低限の記載がされているグループである。今回（2009年度）の報告書を分析したところ、このグループに属する監査報告の割合が過半数を超えており、一番多かった。
　本章4(2)③で紹介した文例集の(1)の場合において、現行のひな型に特に修正を加えない記載例として紹介されている。
　なお、以下に紹介する監査報告文例中、個人名については記号化している。

〈株式会社加藤製作所〉（平成21年5月25日）
「2．監査の結果
　(1) 事業報告等の監査結果
　　一　事業報告及びその附属明細書は、法令及び定款に従い、会社の状況を正しく示しているものと認めます。
　　二　取締役の職務の執行に関する不正の行為又は法令もしくは定款に違反する重大な事実は認められません。
　　三　内部統制システムに関する取締役会決議の内容は相当であると認めます。また、当該内部統制システムに関する取締役の職務の執行についても、指摘すべき事項は認められません。

(2) 計算書類及びその附属明細書の監査結果
　　会計監査人東陽監査法人の監査の方法及び結果は相当であると認めます。
(3) 連結計算書類の監査結果
　　会計監査人東陽監査法人の監査の方法及び結果は相当であると認めます。」

(イ) 監査役監査報告書作成時点で重要な欠陥があったと経営者も監査人も認識していて、かつ事業報告にその旨の何らかの言及がある場合

　本章4(2)③で紹介した文例集の(2)の場合における文例を採用したものであり、この文例に工夫を加えるものも見られた。

　文例集（文例2−4の注10）（※）で指摘されているように、重要な欠陥の中でも、来期以降に影響を与えるものについては、重要性等を鑑みて「対処すべき課題」として具体的に記載されることが望ましい（次頁以降の文例中、下線は筆者）。

　　※　重要な欠陥の中でも、例えば、見積要素を伴う会計処理（減損会計、繰延税金資産、退職給付引当金その他の各種引当金等）についてその見積手続に重要な欠陥があるなど、計算関係書類の適正性にも影響を与え得るものが指摘されることがある。こうした類の重要な欠陥が指摘された場合には、（当期の計算関係書類が適正に作成されていても）来期以降の計算関係書類も適正に作成されていく体制が整備されていくことが重要となる。その重要性等によっては事業報告において「対処すべき課題」等として具体的に記載されることが望まれる。
　　　なお、仮に重要な欠陥が当期の計算関係書類の適正性に影響を及ぼしているとすれば、通常、それは計算関係書類の監査において対応すべき問題となる。

〈株式会社アーク〉（平成21年6月5日）
「2．監査の結果
(1) 事業報告等の監査結果
　一　事業報告及びその附属明細書は、法令及び定款に従い、会社の状況を正しく示しているものと認めます。
　二　取締役の職務の執行に関する不正の行為又は法令若しくは定款に違反する重大な事実は認められません。
　三　内部統制システムに関する取締役会決議の内容は相当であると認めます。また、当該内部統制システムに関する取締役の職務の執行についても、指摘すべき事項は認められません。
　　　なお、事業報告に記載のとおり、財務報告に係る内部統制について有効でないおそれがありますが、取締役はその改善に取り組んでおり、また、当該事業年度の計算書類及びその附属明細書並びに連結計算書類の適正性に影響が生じておらず、取締役の善管注意義務に違反する重大な事実は認められません。
(2) 計算書類及びその附属明細書の監査結果
　　会計監査人監査法人トーマツの監査の方法及び結果は相当であると認めます。
(3) 連結計算書類の監査結果
　　会計監査人監査法人トーマツの監査の方法及び結果は相当であると認めます。
　　なお、会計監査人監査法人トーマツから、事業報告に記載のとおり、財務報告に係る内部統制が有効でないおそれがあることを踏まえたうえで、会計監査を行った旨の報告を受けております。」

〈セイコーエプソン株式会社〉（平成21年5月7日）

「2．監査の結果
(1) 事業報告等の監査結果
　一　事業報告及びその附属明細書は、法令及び定款に従い、会社の状況を正しく示しているものと認めます。
　二　取締役の職務の執行に関する不正の行為又は法令若しくは定款に違反する重大な事実は認められません。
　三　内部統制システムに関する取締役会決議の内容は相当であると認めます。また、事業報告に記載のとおり、海外連結子会社の一部において財務報告に係る内部統制に関し有効でない可能性があると取締役は評価しておりますが、取締役等はその改善に取り組んでおり、また、当期の計算書類及びその附属明細書並びに連結計算書類の適正性に影響が生じておらず、内部統制システムに関する取締役の職務の執行についても、指摘すべき事項は認められません。
　四　事業報告に記載されている会社の財務及び事業の方針の決定を支配する者の在り方に関する基本方針については、指摘すべき事項は認められません。
　　　なお、事業報告に記載されている会社法施行規則第127条第2号の各取組みは、当該基本方針に沿ったものであり、当社の株主共同の利益を損なうものではなく、かつ、当社の会社役員の地位の維持を目的とするものではないと認めます。
(2) 計算書類及びその附属明細書の監査結果
　　会計監査人新日本有限責任監査法人の監査の方法及び結果は相当であると認めます。
(3) 連結計算書類の監査結果
　　会計監査人新日本有限責任監査法人の監査の方法及び結果は相当であると認めます。

なお、会計監査人新日本有限責任監査法人から、事業報告に記載のとおり、財務報告に係る内部統制が有効でない可能性を示している事項があることを踏まえた上で、会計監査を行った旨の報告を受けております。」

② 文例集に独自の表現を加える類型
　次に紹介するのは、より踏み込んだ報告を行っている例である。踏み込んだ表現を行うことにより、会社の状況がより伝わりやすくなれば、株主等の利害関係人に対する適切な説明責任を果たすという観点からは望ましいと思われる。

(ア) 内部統制システムに関する問題点はないとしながらも、より優先度を上げるよう注文をつけるもの
　本章4(3)①で紹介した記載に加えて、次の例のように、業務執行側に対してさらなる内部統制体制の充実を求める意見を出すことは、会社の状況が外部により詳細に伝わるという点で、説明責任の観点からも望ましいといえよう。また、このことにより会社の透明性が高まる結果、会社の利益にもつながると思われる。

〈カラカミ観光株式会社〉（平成21年5月23日）
「2．監査の結果
(1) 事業報告等の監査結果
　一　事業報告及びその附属明細書は、法令及び定款に従い、会社の状況を正しく示しているものと認めます。
　二　取締役の職務の執行に関して、一部に不適切な経理処理がありましたが是正されております。また、法令もしくは定款に違反する重大な事実は認められません。
　三　内部統制システムに関する取締役会決議の内容は相当であると認め

ます。また、当該内部統制システムに関する取締役の職務の執行についても、指摘すべき事項は認められません。ただし、内部統制に対する取組みの優先度が高いとは言えないこと等、全社統制については一層の整備が必要と考えております。
(2) 計算書類及びその附属明細書の監査結果
　会計監査人監査法人トーマツの監査の方法及び結果は相当であると認めます。
(3) 連結計算書類の監査結果
　会計監査人監査法人トーマツの監査の方法及び結果は相当であると認めます。」

(イ) 内部統制システムの体制そのもの及びそれに関する取締役の職務執行の問題点を指摘した上で、再発防止策を指摘するもの

　内部統制システムに関する取締役会の決議内容が相当な場合でも、内部統制システムの運用に問題があると監査役が判断した場合、その問題点を指摘すべきである。特に、内部統制システムがあるにもかかわらず不祥事が発生した場合には、この点を踏み込んで記載すべきだろう。以下の監査報告の事例を参照されたい。

〈フタバ産業株式会社〉（平成21年6月2日）
「2．監査の結果
(1) 事業報告及びその附属明細書の監査結果
　一．事業報告及びその附属明細書は、法令及び定款に従い会社の状況を正しく示しているものと認めます。
　二．前取締役であるＡ氏（平成21年3月31日辞任）及び同Ｂ氏（平成21年5月14日辞任）について、平成17年以降、当社の持分法適用会社・非連結子会社である株式会社ビジネスデザイン研究所に対し、当社直接または当社子会社を通じた融資、当社の保証による信用供与等の方

法で不正に金融支援を行っていた事実が判明いたしました。当該事実の中には、本事業年度中に、当時取締役であったＡ氏が、部下と通じて、定款上取締役会決議事項とされている「重要な投融資」に該当するにもかかわらず、金型代金名目で取締役会決議を経ないで資金を支出した事実、同じくＢ氏が、部下に指示して、当時自ら代表者を務めていた当社海外子会社である雙葉科技株式会社から当社に対して架空の設備・治具・金型代金の請求を行わせたうえで、その支払い名目で当社の取締役として当該会社に対して資金を支出することを承認した事実が、それぞれ含まれています。

　また、前取締役であるＣ氏（平成21年３月31日辞任）については、本事業年度中に、部下からの報告によりＡ氏らが不正に資金を支出した事実を知ったうえで、当該資金について実態のない試験研究費への振替えを指示するかのような言動を行った事実が認められます。

　なお、上記の前取締役による不正行為の詳細については、事業報告書及び平成21年５月14日付け「特別調査委員会の調査報告書」当社ホームページ上に記載してあります。

三．会社の業務の適正を確保するための体制（いわゆる「内部統制システム」）については、取締役会では相当な内容が決議されているものの、本事業年度において、過年度決算の内容を修正したことに伴い、過年度損益修正損として多額の特別損失を計上しなければならない事態が生じたことからも明らかなとおり、現実の体制の整備及び運用に関して欠陥ないし改善すべき事項があるものと思料します。

　この点に関しては、事業報告に記載されているとおり、既に取締役において、統制環境、リスク評価と対応、統制活動、情報の伝達及びモニタリングについてそれぞれ整備すべき項目を挙げて、具体的な改善作業に着手しております。監査役も、当該作業が円滑かつ迅速に進行し、可能な限り早期に所期の目的を達成できるよう、取締役の職務の執行の状況を厳しく監視・検証して参ります。

> なお、上記過年度の決算内容の修正の詳細及び本事業年度の特別損失の計上については、事業報告書をご参照ください。
> (2) 計算書類及びその附属明細書の監査結果
> 　会計監査人あずさ監査法人の監査の方法及び結果は相当であると認めます。
> (3) 連結計算書類の監査結果
> 　会計監査人あずさ監査法人の監査の方法及び結果は相当であると認めます。」

(ウ) 内部統制システムに関する取締役の職務執行の問題点を指摘した上で、再発防止策を指摘するもの

　内部統制システム自体は適切であっても、それを運用する取締役に問題があっては、内部統制はうまくいかない。したがって、内部統制システムに関する取締役の職務執行に問題があればその点を指摘すべきである。

> 〈ジェイオーグループホールディングス株式会社〉（平成21年5月30日）
> 「2．監査の結果
> (1) 事業報告等の監査結果
> 　一　事業報告及びその附属明細書は、法令及び定款に従い、会社の状況を正しく示しているものと認めます。
> 　二　取締役の執行に関し、当社が平成21年2月13日付「第三者割当による第1回無担保転換社債型新株予約権付社債（CB）[以下「本件社債」という]及び第4回、第5回行使価額修正条項付新株予約権（MSワラント）並びに第6回、第7回新株予約権（ワラント）[以下「本件新株予約権」という]の払込完了に関するお知らせ」と題する文書をTDNETに開示したこと及び当社が平成21年2月18日に大阪証券取引所に対し本件社債の払込が適切になされた旨のFAXを送付したことにつき、不祥事が生じております。

> 　　　　なお、本件について、社外調査委員会の調査報告書の内容を踏まえ、社内調査委員会による再発防止策が策定されております。
> 　　　　上記以外については、取締役の職務の執行に関する不正の行為又は法令もしくは定款に違反する重大な事実は認められません。
> 　　三　内部統制システムに関する取締役会決議の内容は相当であると認めます。また、<u>当該内部統制システムに関する取締役の職務の執行については、相互の牽制監視が十分機能しなかったことに対する再発防止策として、社内管理体制の機能強化が重要であると考えております。</u>
> (2)　計算書類及びその附属明細書の監査結果
> 　　監査役会といたしましては、本結果については遺憾ではありますが、真摯に受止め、会計監査人監査法人ウィングパートナーズの監査の方法及び結果は相当であると認めます。
> (3)　連結計算書類の監査結果
> 　　監査役会といたしましては、本結果については遺憾ではありますが、真摯に受止め、会計監査人監査法人ウィングパートナーズの監査の方法及び結果は相当であると認めます。」

対応策をさらに具体的に示した例として、次の記載も参考にされたい。

> 〈株式会社　大水〉（平成21年6月8日）
> 「2．監査の結果
> (1)　事業報告等の監査結果
> 　①　事業報告およびその附属明細書は、法令および定款に従い、会社の状況を正しく示しているものと認めます。
> 　②　取締役の職務の執行に関する不正の行為または法令もしくは定款に違反する重大な事実は認められません。
> 　③　内部統制システムに関する取締役会決議の内容は相当であると認めます。<u>当該内部統制システムに関する取締役の職務遂行に関し、事業</u>

報告に記載のとおり、財務報告に係る内部統制について取締役は不適切な取引を防止するための内部統制システムを決議に基づき整備・運用できていないおそれがあります。しかしながら、これに対する対策として、コンプライアンスに関する教育研修の徹底やコンプライアンス体制の推進、内部監査体制の向上、不適切取引の温床となりやすい取引に対する内部管理機能や相互牽制機能の強化、人事異動の促進等による不適切取引の機会の抑制、経理部門における人員体制の充実等を図ることにより、再発防止に向けた適切な対応が企図されていること、また、各取締役の責任について一層の自覚が図られていることが認められます。なお、本件に対する対応を含め取締役としての善管注意義務に違反する重大な事実は認められず、今後とも継続的に再発防止に向けた対応策の実施状況について注視してまいります。

　事業報告のとおり、財務報告に係る内部統制について、取締役は重要な欠陥があり有効でないおそれがあると評価しておりますが、上記のとおり、取締役はその改善に取り組んでおり、当期の計算書類およびその附属明細書ならびに連結計算書類の適正性に影響は生じておりません。

(2) 計算書類およびその附属明細書の監査結果

　会計監査人監査法人トーマツの監査の方法および結果は相当であると認めます。

(3) 連結計算書類の監査結果

　会計監査人監査法人トーマツの監査の方法および結果は相当であると認めます。」

　次の例は、不祥事が発生したことを踏まえて、内部統制システムに関する取締役の職務の執行について問題点を指摘するものとなっている。

〈西松建設株式会社〉（平成21年5月20日）
「2．監査の結果
(1) 事業報告等の監査結果
　一　事業報告及びその附属明細書は、法令及び定款に従い、会社の状況を正しく示しているものと認めます。
　二　事業報告に記載のとおり、会社が外為法違反により罰金の略式命令を受け、会社の旧取締役らが外為法違反及び政治資金規正法違反の容疑で起訴されました。会社は、かかる法令違反行為について、事実関係の解明及び再発防止策の検討を目的として内部調査委員会による調査を行いました。かかる調査の結果、法令違反行為の原因は、コーポレート・ガバナンスの機能不全、コンプライアンス意識の欠如にあることが確認されたことから、取締役会は、これらの点について種々の再発防止策の策定を行いました。当監査役会としましては、今後の再発防止策の実施状況を監視し検証してまいります。また監査役会として、旧取締役の法令違反行為に関して、訴訟で明らかになる事実等を踏まえた上で、法的措置の要否を含め、今後の対応を検討してまいります。上記の他、取締役の職務の執行に関する不正の行為又は法令もしくは定款に違反する重大な事実は認められません。
　三　内部統制システムに関する取締役会決議の内容は相当であると認めます。<u>当該内部統制システムに関する取締役の職務の執行については、前述のとおり、取締役会は、コーポレート・ガバナンスの機能不全、コンプライアンス意識の欠如に対し、再発防止策を策定しており、監査役会は、その実施状況を監視し検証してまいります。</u>
　　　<u>なお事業報告に記載の通り、財務報告にかかる内部統制に重要な欠陥があり有効ではありませんが、取締役会はその改善に取り組んでおり、また、当期の計算書類及びその附属明細書並びに連結計算書類の適正性に影響が生じておらず、取締役の善管注意義務に違反する重大</u>

な事実は認められません。
(2) 計算書類及びその附属明細書の監査結果
　会計監査人仰星監査法人の監査の方法及び結果は相当であると認めます。
(3) 連結計算書類の監査結果
　会計監査人仰星監査法人の監査の方法及び結果は相当であると認めます。
　なお、会計監査人仰星監査法人から、事業報告に記載の通り、財務報告に係る内部統制が有効でないおそれがあることを踏まえたうえで、会計監査を行った旨の報告を受けております。」

(エ) 内部統制システムに関する取締役の職務執行の問題点を指摘した上で、これが治癒されたと報告するもの

　期中に発生した問題が期末までに解決された場合でも、問題点が生じたことを指摘することは、適切な説明責任を果たすという観点からは重要である。会社に対する信頼もより高まると思われる。次の例は、そのような事例に関するものである。

〈リバーエレテック株式会社〉（平成21年5月21日）
「2．監査の結果
(1) 事業報告等の監査結果
　一　事業報告およびその附属明細書は、法令および定款に従い、会社の状況を正しく示しているものと認めます。
　二　取締役の職務の執行に関する行為については、事業報告記載のとおり、一部不適切なものがありましたが、関係取締役等による担保物の提供および内部統制システムの改善を通じ、その欠陥については、当該事業年度末までに治癒されていると認められます。
　三　内部統制システムについては、事業報告記載のとおり、一部不完全

なものがありましたが、電磁的システムの採用等によりその欠陥は治癒されていると認められます。
　　　また、内部統制システムに関する取締役の職務の執行については、事業報告記載のとおり、一部不適切なものがありましたが、関係取締役の引責辞任を含め、その改善が図られ、以降、同種の問題は生じないものと認められます。
(2) 計算書類およびその附属明細書の監査結果
　　　会計監査人新日本有限責任監査法人の監査の方法および結果は相当であると認めます。
(3) 連結計算書類の監査結果
　　　会計監査人新日本有限責任監査法人の監査の方法および結果は相当であると認めます。」

(オ) 内部統制システムに問題はないと認められるが、事業報告に不祥事が記載されている場合に、このことを指摘して今後監査を継続することを報告するもの

　内部統制システムはいったん整備されても、絶えず見直しをしなければ、うまく機能しない。不祥事は、内部統制システム見直しの必要性を示す兆候であり、監査役はこれを発見したら、監査報告で報告すべきである。これにより、業務執行側の意識を高めることができるほか、会社の透明性も高まると思われる。次の例は、事業報告に記載された不祥事を契機として、今後の継続的な監査の必要性を報告するものである。

〈ダイキン工業株式会社〉（平成21年5月12日）
「2．監査の結果
(1) 事業報告等の監査結果
　― 事業報告及びその附属明細書は、法令及び定款に従い、会社の状況を正しく示しているものと認めます。

二　取締役の職務執行に関しては、子会社に関する職務も含め、不正の行為または法令もしくは定款に違反する重大な事実は認められません。
　　三　内部統制システムに関する取締役会決議の内容は相当であると認めます。また、当該内部統制システムに関する取締役の職務の執行についても、指摘すべき事項は認められません。
　　　　<u>なお、事業報告に記載のとおり、本年度期末間際に発覚したサービス本部および一部の子会社における不適切な会計処理に対して、調査委員会による事実調査と原因究明が行われ、しかるべき再発防止が図られるとともに、内部統制システムの整備が進められることを確認しております。今後とも継続的な改善状況について監視・検証してまいります。</u>
　　四　事業報告に記載されている株式会社の支配に関する基本方針については、指摘すべき事項は認められません。
(2)　計算書類及びその附属明細書の監査結果
　　会計監査人の監査の方法及び結果は相当であると認めます。
(3)　連結計算書類の監査結果
　　会計監査人の監査の方法及び結果は相当であると認めます。」

5. 不祥事発生時の監査報告

(1) 不祥事への対応策

　不祥事が企業を非常に困難な立場に置くことは、昨今の事例を見ていれば明らかである。大きく報道されるような不祥事に際しては、直後の記者会見等における対応が非常に重要であり、必要かつ十分な調査に基づく迅速かつ誠実な対応が望ましいと思われるが、報道には至らない不祥事の場合でも、緊急性の程度は異なるが、求められるものは同じであろう。このような対応に際して、日常的に業務を監査している監査役の果たす役割は大きいと思われる（この点については、上述した内部統制システムに関する監査報告に関する

箇所も参照して頂きたい)。

　また、報道対象となるような不祥事に際しても、対応策は緊急に決定されるが、株主等の利害関係者にとっては、今後、不祥事が起きないかという点も非常に気になるところである(ひいては、社会的にも興味をもたれる点である)。この点を株主等に説明することも、監査役にとって重要な役割である。

　不祥事に関して記載されるべき内容の中心は、不祥事の内容(どのようにして生じたか)と対応策(どのようにして再発を防ぐか)という点であろう。

　以下では、実際に不祥事が発生した会社の監査報告について、実例を見ながら検討を加える。

(2) 不祥事に関する監査報告の実例(以下、「監査の結果」の部分のみを抜粋する。下線部は筆者による)

① 不祥事の内容に触れない型

　不祥事が発生したにもかかわらず、不祥事の内容に一切触れないものが見られる。

　不祥事が発生したにもかかわらず、不祥事の態様に一切触れないと、監査役が適切に機能しているかについて疑問をもたれてしまいかねない。よほどの事情がない限り、避けるべきであろう。

② 不祥事の概要＋対応中であることを報告する型

　この型も、①の類型と同じような印象を与えかねない。事業報告書等に詳細な記載がある場合であっても、監査役として、独自の意見等がある場合には記載を行うことが望まれる。不祥事発生時から時間がなく調査が進んでいないのであれば、例えば、いつどのような対応をとったのかを指摘して、監査報告作成までに必要な対策がとられたことを説明すべきであろう。

③ 不祥事の概要＋対応策の概要型

　不祥事に関する監査報告に多く見られるのは、不祥事の概要を記載した上で、それに対する対応策の概要を記載するものである。

　この型は簡潔でまとまったものであるといえるが、対応策の概要が抽象的

第5章 監査報告の意義・分析・実例

過ぎると、再発の予防について不安を与えかねない。管理体制や内部統制システムの「強化」や「整備」がうたわれることが多いが、抽象的な記載しかなされていないと、これで果たして再発が予防できるのだろうかという疑問を抱かせかねない。

　一つのやり方として、下掲するキムラタンの例のように、不祥事の詳細に関する事業報告の該当箇所を明示する方法は読み手にとってはまだ分かりやすい方法であるといえる。しかし、より読み手の便宜を考えるのであれば、事業報告の該当箇所明示に加えて、監査報告にも事案の詳細を記載すべきだろう。

〈株式会社キムラタン〉（平成21年6月8日）
「二　取締役の職務の執行に関し、当監査役会は取締役からの報告を受け調査を行った結果、当社前代表取締役社長Ａ氏について、会社法356条1項2号・3号、同法365条に違反する事実が判明したことから、遅滞なく取締役会にその旨を報告するとともに、取締役会として、適切な対応をするよう要請しました。
　その結果、当社取締役会は上記違反事実にかかる取引を事後的にも承認しなかったことから、現在、当社はＡ氏に対して、法的責任を追及する手続きを進めているところです。
　<u>上記違反事実の詳細は、事業報告32頁に記載のとおりであります。</u>
　また、Ａ氏の上記違反事実について、当社代表取締役社長Ｂ氏ならびに当社取締役Ｃ氏は、当該違反事実があることを知りながら、直ちにこれを監査役会に報告しなかったものとして、会社法357条に違反した事実があるものと思料します。
　その他には、取締役の職務の執行に関する不正の行為又は法令もしくは定款に違反する重大な事実は認められません。」

〈コタ株式会社〉（平成21年5月7日）
「2　監査の結果
(1)　事業報告等の監査結果
　一　事業報告及びその附属明細書は、法令及び定款に従い、会社の状況を正しく示しているものと認めます。
　二　取締役の職務の執行に関する不正な行為又は法令もしくは定款に違反する重大な事実は、次の「会社の元取締役による不正行為について」を除き認められません。
　〈会社の元取締役による不正行為について〉
　　会社の元取締役経理部長兼生産部長（平成21年4月28日付で辞任）が、複数年度にわたり会社の資金10,818千円を私的に流用しておりました。当該流用資金につきましては、平成21年3月期において特別損失として処理しております。また、会社は同様の事態の再発防止のための対策として、全役職員へのコンプライアンス意識の周知徹底、経理部内の管理体制の強化、内部監査の強化と監査役、監査法人との連携の充実等を掲げ、内部統制制度の充実及び強化に努めております。
　　今後、再発防止のために行われる上記貸借の進捗及び運用状況を継続的に注視する考えであります。
(2)　計算書類及びその附属明細書の監査結果
　　計算書類及びその附属明細書は、会社の財産及び損益の状況を全ての重要な点において適正に表示しているものと認めます。」

〈株式会社ミツウロコ〉（平成21年5月28日）
「2　監査の結果
(1)　事業報告等の監査結果
　一　事業報告及びその附属明細書は、法令及び定款に従い、会社の状況を正しく示しているものと認めます。
　二　取締役の職務の遂行に関する不正の行為又は法令もしくは定款に違反する重大な事実は認められません。なお、当社が平成21年3月に、高効率厨房機器普及促進事業費補助金の不正受給により、経済産業省から15ヶ月間の補助金交付停止等の措置を受けたことは誠に遺憾であり、再発防止のため社内管理体制の見直しと、内部統制手続の整備を行う必要があると考えております。
　三　内部統制システムに関する取締役会決議の内容は相当であると認めます。また、当該内部統制システムに関する取締役の職務の執行についても、指摘すべき事項は認められません。
(2)　計算書類及びその附属明細書の監査結果
　会計監査人あずさ監査法人の監査の方法及び結果は相当であると認めます。」

④　不祥事の具体的内容を記載

　監査報告に不祥事の具体的内容が記載されていると、監査役も含めた会社組織が事件の内容につき力を入れて検証しているという印象を与える。したがって、事件の内容はできるだけ詳細に書くべきだろう。

　次の西松建設の例は、事件の内容を詳細に報告している。また、フタバ産業の例は、さらに詳細な事実認定が報告された例である。より詳細な報告書がホームページで公開されていることを指摘することも、読み手にとっては助かる点であろう。いずれの例も、対応策の記載がより具体的であれば、分かりやすい監査報告になると思われる。

〈西松建設株式会社〉（平成21年５月20日）
「２．監査の結果
(1) 事業報告等の監査結果
　一　事業報告及びその附属明細書は、法令及び定款に従い、会社の状況を正しく示しているものと認めます。
　二　事業報告に記載のとおり、会社が外為法違反により罰金の略式命令を受け、会社の旧取締役らが外為法違反及び政治資金規正法違反の容疑で起訴されました。会社は、かかる法令違反行為について、事実関係の解明及び再発防止策の検討を目的として内部調査委員会による調査を行いました。かかる調査の結果、法令違反行為の原因は、コーポレート・ガバナンスの機能不全、コンプライアンス意識の欠如にあることが確認されたことから、取締役会は、これらの点について種々の再発防止策の策定を行いました。当監査役会としましては、今後の再発防止策の実施状況を監視し検証してまいります。また監査役会として、旧取締役の法令違反行為に関して、訴訟で明らかになる事実等を踏まえた上で、法的措置の要否を含め、今後の対応を検討してまいります。上記の他、取締役の職務の執行に関する不正の行為又は法令もしくは定款に違反する重大な事実は認められません。
　三　内部統制システムに関する取締役会決議の内容は相当であると認めます。当該内部統制システムに関する取締役の職務の執行については、前述のとおり、取締役会は、コーポレート・ガバナンスの機能不全、コンプライアンス意識の欠如に対し、再発防止策を策定しており、監査役会は、その実施状況を監視し検証してまいります。
　　　なお事業報告に記載の通り、財務報告にかかる内部統制に重要な欠陥があり有効ではありませんが、取締役会はその改善に取り組んでおり、また、当期の計算書類及びその附属明細書並びに連結計算書類の適正性に影響が生じておらず、取締役の善管注意義務に違反する重大

な事実は認められません。
(2) 計算書類及びその附属明細書の監査結果
　会計監査人仰星監査法人の監査の方法及び結果は相当であると認めます。
(3) 連結計算書類の監査結果
　会計監査人仰星監査法人の監査の方法及び結果は相当であると認めます。
　なお、会計監査人仰星監査法人から、事業報告に記載の通り、財務報告に係る内部統制が有効でないおそれがあることを踏まえたうえで、会計監査を行った旨の報告を受けております。」

〈フタバ産業株式会社〉（平成21年6月2日）
「2．監査の結果
(1) 事業報告及びその附属明細書の監査結果
　一．事業報告及びその附属明細書は、法令及び定款に従い会社の状況を正しく示しているものと認めます。
　二．前取締役であるＡ氏（平成21年3月31日辞任）及び同Ｂ氏（平成21年5月14日辞任）について、平成17年以降、当社の持分法適用会社・非連結子会社である株式会社ビジネスデザイン研究所に対し、当社直接または当社子会社を通じた融資、当社の保証による信用供与等の方法で不正に金融支援を行っていた事実が判明いたしました。当該事実の中には、本事業年度中に、当時取締役であったＡ氏が、部下を通じて、定款上取締役会決議事項とされている「重要な投融資」に該当するにもかかわらず、金型代金名目で取締役会決議を経ないで資金を支出した事実、同じくＢ氏が、部下に指示して、当時自ら代表者を務めていた当社海外子会社である雙葉科技株式会社から当社に対して架空の設備・治具・金型代金の請求を行わせたうえで、その支払い名

目で当社の取締役として当該会社に対して資金を支出することを承認した事実が、それぞれ含まれています。

　また、前取締役であるＣ氏（平成21年3月31日辞任）については、本事業年度中に、部下からの報告によりＡ氏らが不正に資金を支出した事実を知ったうえで、当該資金について実態のない試験研究費への振替えを指示するかのような言動を行った事実が認められます。

　なお、上記の前取締役による不正行為の詳細については、事業報告書及び平成21年5月14日付け「特別調査委員会の調査報告書」当社ホームページ上に記載してあります。

三．会社の業務の適正を確保するための体制（いわゆる「内部統制システム」）については、取締役会では相当な内容が決議されているものの、本事業年度において、過年度決算の内容を修正したことに伴い、過年度損益修正損として多額の特別損失を計上しなければならない事態が生じたことからも明らかなとおり、現実の体制の整備及び運用に関して欠陥ないし改善すべき事項があるものと思料します。

　この点に関しては、事業報告に記載されているとおり、既に取締役において、統制環境、リスク評価と対応、統制活動、情報の伝達及びモニタリングについてそれぞれ整備すべき項目を挙げて、具体的な改善作業に着手しております。監査役も、当該作業が円滑かつ迅速に進行し、可能な限り早期に所期の目的を達成できるよう、取締役の職務の執行の状況を厳しく監視・検証して参ります。

　なお、上記過年度の決算内容の修正の詳細及び本事業年度の特別損失の計上については、事業報告書をご参照ください。」

⑤　具体的な対応策記載型

　次の石原産業の例のように、具体的な対応が記載されていると、会社の監査機能が機能しているという安心感を読み手に与えることができる。このような安心感が、会社に対する信頼につながるのであるから、執行部や監査役

が行った対策については、積極的にその詳細を報告していくべきだと思われる。

NECネッツエスアイの例のように、実際にとられた対応策が記載されていると記載された具体的な対応策が十分とはいえない場合には、読み手の印象も芳しくない可能性は残るが、それでもすべてを開示しようとしている点に対する信頼という意味で、抽象的な記載よりは望ましいというべきである。

〈石原産業株式会社〉（平成20年5月22日）
「二　取締役の職務に関しては、土壌埋戻材フェロシルトの不法投棄につき、廃棄物の処理及び清掃に関する法律違反により平成19年6月津地方裁判所において元取締役らが有罪の判決を受け、当社も両罰規定により罰金50百万円に処せられました。

　また、平成16年度末になされた有機物残渣の不法投棄問題に関し、当社は、平成19年9月取締役など7名を処分し、不法投棄を主導した元取締役などを刑事告発しました。当社も愛知県から刑事告発されましたが、平成20年3月いずれも不起訴処分となりました。かかる過去の不祥事と決別するため、第三者調査委員会を設置して原因の究明と関係者の処分を行うとともに、「コンプライアンス総点検」を実施し、その結果を平成20年5月に公表しました。この総点検の結果を受け、諸問題への対処と再発防止策の実行により、コンプライアンス経営に徹する企業として再生するための積極的な職務の執行が認められます。

　上記に係る事項を除いては、取締役の職務の執行に関する不正の行為または法令もしくは定款に違反する重大な事実は認められません。」

〈NECネッツエスアイ株式会社〉（平成20年5月30日）
「二　前営業担当取締役が、平成17年度以前に行った不適切な取引（購入・売上の金額の水増し）について会社の調査チームにより事実確認をし

てまいりましたが、平成19年6月に本人が事実を認め取締役を辞任いたしました。監査役会は会社より報告を受けその事実を確認いたしました。監査役会は、取締役に対して誠に遺憾である旨および今後各取締役は二度とこのような不正取引を行わないよう文書にて申し入れを行うとともに会社の内部統制の仕組みを強化するよう指導し実現に努めました。
　上記を除いては、取締役の職務の執行に関する不正の行為または法令もしくは定款に違反する重大な事実は認められません。」

6. まとめ

　繰り返しになるが、監査報告は分かりやすくあるべきである。そのためには、日本監査役協会のひな型やこれまでに検討した実例を参照しつつ、工夫をして頂ければ幸いである。

第6章

企業不祥事が起きたときの監査役の心構え

1. 監査役にとっての危機対応の知識の重要性

(1) 監査役に危機対応の知識が必要な理由

　監査役は、「トラブル」について、業務執行側がダメージコントロールに失敗し重大な企業不祥事となり損害を拡大させた場合には、取締役の善管注意義務違反・忠実義務違反について監査する必要に迫られるかもしれない。

　そのため、監査役は「トラブル」が企業不祥事になり損害が拡大する可能性がある場合には、業務執行側はどのような対応をすべきかといった危機対応の知識も得ておくことが望ましい。

(2) タイレノール事件の検討

　どんな優良企業でも必ず問題が発生する。この問題発生時にこそ、その企業の本質が現れる。利益を得るためなら顧客・消費者に迷惑をかけても良いと考えるのか、顧客・消費者の信頼が一番大事なので絶対に顧客・消費者の信頼を裏切らないと考えるのかといった問題は、平時において表面化することはない。平時においては、どの企業も顧客・消費者を第一に考え安心できる企業であるといった美辞麗句を掲げ、また、それで何の問題も起きないからである。

　しかし重大な問題が発生し、それが企業価値に重大な悪影響を及ぼしかねない状況になった場合は話が違ってくる。状況によっては商品の売上げが激減し、経営者としての責任を問われかねない事態に発展するからである。

　このような場面では、顧客・消費者・株主といったステークホルダーに対する情報開示を拒み、情報の隠蔽をする例もある。また、隠蔽に至らないま

でも開示せざるを得ない状況まで開示を拒み、どうしようもない状況になってからしぶしぶ開示し、社会の厳しい叱責を受ける例もある。

しかし、いったんそのような批判を浴びてしまうと、それまで培ってきた顧客・消費者重視や安心感という企業イメージが大きく毀損し、信用も失墜してしまう。

これに対し、重大な問題が発生してもあくまで顧客・消費者第一を貫き、すみやかに問題点・危険性を自ら公表し、その原因究明、改善策を打ち出すことができれば、顧客・消費者の信頼はより強固になり、その後の企業価値はかえって向上する。

代表的実例として、クライシスでの対応が成功し、企業価値が向上したジョンソン&ジョンソンの「タイレノール事件」がある。

この事件の概要は以下のとおりである。

1982年に同社の沈痛解熱剤「タイレノール」に何者かが青酸カリを混入し7名が死亡した。タイレノールは人気商品であり使用者も非常に多かった。同社では、事故発生後、直ちに、社長、広報担当役員、法律顧問、経営委員からなる「戦略対策委員会」を設置し、そして、宣伝広告の中止、全米の医師への警告レターの送付、消費者への危険性の大々的告知、問い合わせ対応の専門電話の設置のほか、全商品のリコール（回収）を実施した。リコールに際しては単に巨額の費用がかかるだけでなく、当時のFBI（連邦捜査局）とFDA（食品医薬品局）がリコールに反対したという事情があったが、同社はそれにもかかわらずリコールを実行した。そして、その後の回収品の検査で多数の青酸カリの混入が確認できた。これは、もしもリコールを実行しなかったら新たに大量の死者が出た可能性が極めて高い状況だったことを意味するものであった。その後、同社は異物混入防止のための特別なシールを開発し極めて短期間で業績を回復し、さらに事件後に全米企業イメージランキング第1位にもなり、事件前よりも企業価値を上げることに成功した。これがタイレノール事件の概要である。

第6章 企業不祥事が起きたときの監査役の心構え

　ところで同社がFBI（連邦捜査局）とFDA（食品医薬品局）の反対にもかかわらず、リコール実施に踏み切ることができたのは、同社には徹底した企業理念である「Our Credo（我が信条）」が存在したからである。
　それによれば、何よりも最初になすべきことは消費者に対する責任を果たす（期待に応える）ことであり、そのためにはリコールを実施するしかなかった。
　そして、ジョンソン＆ジョンソンは、タイレノール事件での「Our Credo（我が信条）」に基づくリコールの実行により、どんな状況になっても企業理念である「Our Credo（我が信条）」が揺らぐことはなく、常に消費者を第一に考えて実行するということを社会に対し証明することができた。そして、社会はそのことが十分にわかったので、事件前よりも同社に対して好意的評価をすることになり奇跡的な経営の回復と発展を遂げることができたのである。
　ところで、もしも、先のタイレノール事件でリコールを実施しないで、その後に多数の青酸カリによる死亡事故が出た場合はどうなったであろうか。その場合は、社会は「警告だけでは事情がわからない者とか間違えて使用する者もいるのだから、消費者の生死というもっとも重要な問題に対しどうして万全の対策を講じなかったのか」という強い批判を加えたことであろう。そして、それにより同社は社会からの信用を失い重大な局面に陥ったかもしれない。

　そもそも発生した問題のリスク性に応じて社会の要求度は異なるので、消費者の生死に直結する重要問題であれば社会は同社に最高レベルの対策を要求するはずである。そうすると、仮に最高レベル以下の対応しか行わずに死亡事故が発生した場合は、その結果に対し厳しい反感を示したものと思われる。
　このことは、問題発生時の危機対応に成功すると、その企業の顧客重視といった良い体質を強くアピールでき企業イメージ向上・企業価値向上になる

が、逆に顧客の要求内容（求める水準）の判断を誤ると企業の対応が不十分だとして厳しい批判を受け、業績に重大な影響を与える可能性があることを意味する。このことは本来は業務執行側の問題である。しかし、監査役も企業不祥事や重大な損害といった問題が発生した場合には、好ましからざる重大な局面に立ち、職務的にも精神的にも非常に辛い立場に立つ場合があるので、そのような不幸な事態を回避するために理解しておくことは望ましいことと考える。

2. 業務執行側は問題発生時にどのように対応すべきか

　企業に不祥事はつきものであり、どんな優良企業にも必ず問題は発生する。しかし、マスメディアがその問題に対し批判を抑えた（好意的）報道をした場合には、企業の損害も拡大しないで問題が終息する場合も多い。

　これに対しマスメディアから批判的報道をされると、企業損害が一気に拡大する傾向がある。しかも最近はおぼれた犬はどんどん叩けとばかりにその傾向が顕著である。

　特に初期対応の際にメディアが報道した情報（それが内包するイメージ）がその問題全体（その企業）の印象を決定づけるので、危機対応では初動が非常に重要となる。

　そこで、損害の拡大（問題の深刻化）を防止するダメージコントロールのためには、問題発生時のマスメディアとの対応をどうするかというクライシス・コミュニケーション（「危機管理広報」ともいう）が非常に重要になっている。

　そのためには、社会に対し誤解されずに正確に状況を伝達するという観点からの初動（初期対応）が非常に重要である。

　その際、業務執行側は問題事項の事実関係を正確に把握できていないから、まだ公表できる状況ではないと考えてしまい、その結果、適切な初期対応の時期を逸してしまうことは少なくない。

しかし、正確に事実関係を把握してからでは「遅すぎる」。

初期対応では、現在把握している情報を第一報として公表するだけでよく、第一報にすぎないのだから完全かつ詳細な内容でなくても、消費者やマスコミからの質問に明確に回答できなくてもよいのである。例えば、「問題点が判明したから調査中である」とか、「社長が危機管理本部を設置した」というだけの内容でも初期対応の第一報としては十分である。

初期対応の迅速性が重要だということは、逆に、生命・身体の安全に関する事項（社会が不安を抱く事項）や著しい不正行為と判断されかねない事項（社会が怒りを感じる事項）について初期対応が遅れてしまうと、ステークホルダーの怒りや反発が増幅し企業不祥事の度合いが強まり、業績に悪影響を生じさせてしまうということを意味する。

また、不祥事を隠しきれると思うことは厳禁である。人の口に蓋をすることはできないし、ネット時代であるからなおさら「隠蔽工作」は外に漏れてしまう。

最近の企業不祥事はその多くが隠蔽工作の発覚によりクライシスになっていることも思い出すべきである。

3. 業務執行側はどのような場合に記者会見をすべきか

マスメディアは社会全体に迅速に情報を伝達することを使命としている。そのために企業に不測の事態（不祥事）が発生した場合には、記者は企業に対し初期対応として、「迅速に」、「正確な」、「（その時点で）社会が求める情報」の提供を求める。

ここで「社会が求める情報」とは、①何が発生したのか（事実の確認）、②原因は何か（これまではどうしていたのか、なぜ今回はこのようなことが起きたのか）、③今後はどうするのか（責任の取り方と今後の対策）の3点に集約できる。

そして、初期対応では①と②が重要である。

実際は日頃から危機管理広報の対策を講じておかないと、①と②には適切

に対応できない。

　「迅速に」とは、問題が発生したら隠蔽しないで、すみやかに記者会見その他の方法で情報をマスメディアに提供するという意味である。

　例えば新聞記者であれば、翌日の朝刊に載せるための締め切りに間に合う時間帯にリリースか記者会見を行う必要がある。

　また記者会見でなくても、記者からの取材申し込みに対し「ノーコメント」というと取材拒否になってしまうので注意が必要である。「ノーコメント」といってしまうと、その後はマスコミは、自分が取得した情報に基づいて報道することができるという点にも注意が必要である。

　「正確な」とは、「その時点における嘘・偽り・隠蔽のない情報」という意味である。ここで安易に不正確な表現で記者に伝えてしまうと、後日違うということが明らかになった場合には、マスメディアから虚偽発表と見なされ、激しい批判的報道をされてしまう場合もある。

　調査中であるために、詳細な情報を提供できない場合には「調査中」であることを伝えるだけでもよい。

　それでは、記者会見をするかどうかの判断基準はどのように考えればよいか。

　記者会見とは「記者が社会全体に知らせる必要があると考える場合」に実施すべきものであり、それにもかかわらず会社が記者会見を実施しないとマスメディアは批判的な報道をしがちである。

　では「社会全体に知らせる必要がある場合」とはどのような場合か。これについては「人命に関わる事態であれば、危機発生から2時間以内の会見開始が目安といわれる。その他緊急性を要する場合は、遅くとも4時間程度での実施が望ましい。把握している情報量と会見実施の優先度はケース・バイ・ケースで変わってくるが、いずれにしても危機が発生してから記者会見開催の判断を下すまでに時間を潰してしまわないよう、あらかじめ自社の基準を設けておくべきである。」という指摘が参考になる（経済広報センター

編『経営を支える広報戦略』経団連出版 245頁 該当部分執筆者 江良俊郎氏)。

　そして、危機の重要度(ダメージのスケール)を理解できる者が、会社目線ではなく(会社目線だと記者会見を実施しない方向に傾く)、自分が当事者、消費者、株主であればすぐにマスメディアを通じて事情を知りたいと思うかどうかで判断するとよい。

＊　　　　　　　＊

　以上が問題発生時の対応方法の基本であり、監査役が上記についての知識を得ることにより自社の問題発生に業務執行側がどのような対応をとるべきかについての基本的な判断を下すことが可能になる。また、常勤監査役は社長の信任が厚い人が就任しているというケースがほとんどであるから、社長が危機対応について判断に苦慮している場合には社長の判断を適正な方向に導くという観点から、本章で述べた危機対応や基本的発想法について助言して頂けたら幸いである。

第7章

監査役を巡る紛争例

1. 監査役の責任

　監査役は、取締役の職務執行を監査する任務を負っている。具体的には、取締役会をはじめ、重要な会議に出席したり、実際の事業所等を往査したり、重要な書類を調査するなどして、取締役が違法行為を行わないように監視する任務を負っている。監査役の責任は、取締役の業務執行全般に対する監視義務違反によって生じる責任を負うこととなる。

　監査役の会社に対する責任が問題となった重要な判例としては、ダスキン事件、大和銀行事件が挙げられる。

　ダスキン事件では、控訴審において、積極的な損害回避の方策を検討するための取締役会に参加した監査役について「自ら上記方策の検討に参加しながら、以上のような取締役らの明らかな任務懈怠に対する監査を怠った点において、善管注意義務があることは明らかである」として責任を認めた。

　また、大和銀行事件では、従業員の違法行為が行われていた時期にニューヨークに往査に行った監査役について、「会計監査人による財務省証券の保管残高の確認方法が不適切であることを知り得たものであり、これを是正しなかったため、本件訴因に係る行為を未然に防止することができなかったものである」として、監査役の責任を認めた。

2. 大和銀行事件判決（大阪地裁平成12年9月20日資料版商事法務 199号248頁）

(1) 事案の概要

本件は、株式会社大和銀行（以下「大和銀行」という）ニューヨーク支店（以下「ニューヨーク支店」という）の従業員が、長年にわたり違法行為を行って、大和銀行に約11億ドルの損失を生じさせた事件及び当該行為に関連して米国法に違反した行為により、大和銀行が罰金3億4,000万ドル及び特別課徴金3,200ドルの有罪判決を受け、当該罰金及び課徴金ならびに刑事事件について1,000万ドルの弁護士報酬を支払った事案である。

大和銀行の従業員であったAは、昭和51年1月頃、ニューヨーク支店に採用されて証券係に配属され、カストディ業務（証券保管業務）及び有価証券の投資業務を担当した。

Aは、当初は認可された300万ドルの取引限度枠内で財務省証券（トレジャリー・ボンド、償還期限まで10年超の利付国債）の取引を行い、少額ながら着実に利益を上げていたが、昭和59年6月末頃、1回の取引で約20万ドルの含み損を抱え、これを計上すれば取引停止となると考え、当該損失を取り戻そうと、無断かつ簿外で財務省証券の取引を行い、かえって、損失を拡大させた。そして、Aは損失が50万ドルを超えた頃には、認可された300万ドルの取引限度枠を超えてポジションを保持するようになり、損失を増大させた。この取引限度枠は、300万ドルから5,000万ドルまで拡大されたが、Aは、昭和60年3月頃には約1億ドル、昭和62年2月末には約10億ドル。平成元年5月から7月にかけては約20億ドル、平成5年には約15億ドルと、認可された取引限度枠を超えてポジションを保持し、本件無断取引を行い、損失は、昭和60年3月頃には約3,500万ドル、昭和61年には5,000万ドルから6,000万ドル、平成元年7月頃には、約5億7,000万ドルなどと増加した。

その後、Aは、取引限度を超えてポジションを保持し、財務省証券取引を行うにあたって、レポ取引（買戻条件付売却）を利用したり、財務省証券

を、例えば、1週間先の決済日ベースで買い付け、同決済日ベースで売却し、決済日にその差額で決裁する方法をとった。当時、Aは、取引から起票、勘定入力、資金カバー及び証券受渡しの指図まで、すべてを一人で行っていた。Aは、本件無断取引により生じた損失を隠蔽するために、証券係のカストディ業務で保管していた顧客または大和銀行（本部年金信託部及び信託勘定）所有の財務省証券を、無断で、同支店の帳簿には記載せずに売却していた。

Aが本件無断取引や財務省証券の無断売却を行っていた昭和59年から平成5年までの間、財務省証券の売却についての照合担当者の照会、毎月のニューヨーク支店店内検査（財務省証券の残高確認も含む）、会計監査人の監査、ニューヨーク州銀行局による検査、検査部による臨店検査、内部監査担当者による監査、国税局による調査、日本銀行による考査、大蔵省国際金融局による抜き打ち検査等があったが、バンカーズ・トラストから郵送されてくる月末現在の財務証券の保管残高明細書を本件無断売却の事実がないように作り替えたり、取引の勘定入力がなされないようにしていたことにより、本件無断取引及び無断売却が発覚することはなかった。また、ニューヨーク支店における財務省証券取引業務について、フロント・オフィスとバック・オフィスの分離が計られ、証券係とは別に、資金管理・計算係及びEDP係（主計係）で、取引の勘定入力、コンファメーションによる照合及び入出金の照合等を行うようになった。しかし、Aは、証券会社との間で、財務省証券の売買契約を締結しても、資金管理・計算係またはEDP係に対しては売買連絡を行わず、また、Aは、特定の証券会社との間でのみ本件無断取引を行っており、当該証券会社の担当者に依頼して、コンファメーションを資金管理・計算係またはEDP係にではなく、自分のところに送付させたり、本件無断取引による損失が発生すると本件無断売却をし、出金と入金を同額にしたり、カストディ業務で保管している財務省証券の売買として処理していたことから、本件無断取引が発覚することはなかった。

平成5年9月、監査役 Y_{32} は、ニューヨーク支店に対する往査を実施し、

支店長、副支店長等の拠点幹部との面談を通じて資産管理状況等を監査したが、本件無断取引及び無断売却を発見することはできなかった。

その後も、Aは虚偽のバンカーズ・トラストの保管残高明細書を作成し、必要に応じて各部署にファクシミリ送信を行うなどして、無断取引、無断売却が発覚しないようにした。

現地時間平成7年7月18日午後6時41分、Aは、被告Y_2宛てに、本件無断取引及び無断売却や発覚を隠す手段などを告白する書簡を発送し、同月21日、大和銀行からメール業務の委託を受けていた大和ビジネスサービスに到達した。

大和銀行頭取のY_2は、平成7年7月24日、本部秘書室経由で本件書簡を受け取り、本件書簡を限られた者だけに見せるとともに、事実調査の指示をした。そして、Y_{11}は、同月28日及び29日に、Aから説明を受け、本件書簡の内容が真実であるとの心証を受けた。

その後は、本件無断取引及び無断売却の事実が外部に漏れないようにするとともに、本件無断取引及び無断売却の事実をパトリキスFED副総裁に報告する平成7年9月17日までの間にコール・レポートの虚偽記載、ニューヨーク支店の帳簿と記録への虚偽記載、虚偽の内容を含む月次の保管残高明細書の作成、虚偽の内容を含む移管指示書の作成などを行い、米国当局に報告することをしなかった。その間、Y_2は、大蔵省に報告し、公表日や今後の処理を大蔵省の職員に相談した。

平成7年9月7日、大和銀行は、全代表取締役が出席する経営会議を開催し、Y_3が本件無断取引及び無断売却の概要について現在調査中であること、米国の法規制について調査中であること等を報告し、本件無断売買及び無断売却による損失を同年9月中間決算で一括処理すること、情報管理を徹底すること等を確認した。Y_6、Y_9及びY_{10}は、この経営会議で初めて本件無断取引及び無断売却の概要等を知った。

Y_3及びY_5は、平成7年9月14日、日本銀行副総裁と会い、本件無断取引及び無断売却の概要等についての報告を行った。そして、同月17日には、Y_2

が日本銀行総裁と会い、同様に報告を行った。

　Y₂は、同月17日、Y₃をニューヨークに出張させ、同被告は、同月18日、Y₁₅及びS法律事務所の弁護士とともに、パトリキスFED副総裁と会い、本件無断取引及び無断売却の事実を報告した。被告Y₃は、ニューヨーク州銀行局長に対しても同様の報告をした。

　Y₂は、連邦検察官が本件無断取引及び無断売却を米国連邦捜査局（FBI）に報告した後、ニューヨーク支店に対する資料請求や、捜査員の張り込みがされるような動きが出てきた頃から、マスコミに発覚する危険が大きくなったものと考え、本件無断取引及び無断売却の事実の公表を同月26日に行うことを決断し、大蔵省及び日本銀行に対してもその旨連絡した。Y₂は、同月25日、役員連絡会において、本件無断取引及び無断売却の発生について説明を行った。Y₁₂、Y₁₄、Y₁₇、Y₃₇、Y₃₈、Y₃₉、Y₄₀、Y₄₂、Y₄₃、Y₄₄、Y₄₅、Y₄₆及びY₄₇は、役員連絡会の説明で初めて本件無断取引及び無断売却を知った。

　Y₂は、同月26日、自らあるいはY₃またはY₄を通じ、監査役ら、すなわち、常任監査役であるY₃₁、Y₂₅、Y₂₆、非常勤監査役（社外監査役）であるY₄₉及びY₃₄、ならびに会計監査人（太田昭和監査法人）に対しても、本件無断取引及び無断売却の発生を説明した。

　Y₂は、同月26日午後、記者会見を開き、本件無断取引及び無断売却の事実を公表した。

　大和銀行は、米国において、平成7年11月2日、24の訴因について刑事訴追を受け、この事件はニューヨーク南部地区連邦地方裁判所に係属した。

　大和銀行は、平成8年2月27日、取締役であるY₄、Y₅、Y₇、Y₉、Y₁₃、Y₁₇、Y₃₉、Y₄₁、Y₄₂、Y₄₃、Y₄₄、Y₄₆及びY₄₇、ならびに監査役であるY₂₅及び同Y₃₄が出席の上、取締役会を開催し、取締役全員一致の承認を得た上で、現地時間同日、米国司法省との間で、司法取引に関する合意を書面により行った。

　大和銀行は、現地時間平成8年2月28日、ニューヨーク南部地区連邦地方裁判所において、米国司法省との前記合意に従った事実陳述を行った上、本件有罪答弁訴因について有罪の答弁を行い、連邦検察官は、本件訴因の一部

を取り下げた。そして、同裁判所は、上記有罪答弁を受理し、大和銀行に対し、罰金3億4,000万ドル及び特別課徴金3,200ドルの判決をいい渡した。大和銀行は、同月29日、当該罰金を完納した。

大和銀行は、この刑事事件について、法律事務所等に対し1,000万ドルの弁護士報酬を支払った。

株主Xは、①代表取締役及びニューヨーク支店長は、従業員の不正行為を防止するとともに、損失の拡大を最小限にとどめるための管理体制（以下「内部統制システム」という）を構築すべき善管注意義務及び忠実義務があったのにこれを怠り、その余の取締役及び監査役は、代表取締役らが内部統制システムを構築しているか監視する善管注意義務または忠実義務があったのにこれを怠ったため、本件無断取引及び無断売却を防止できなかったと主張し、さらに②大和銀行が、ニューヨーク支店において、本件無断取引等により約11億ドルの損害が発生したことを米国当局に隠匿していたなどとして、米国において刑事訴追を受け、そのうち16の訴因について有罪の答弁を行い、罰金を支払ったことについて、それぞれ代表取締役及びニューヨーク支店長の地位にあった取締役は、内部統制システムを構築すべき善管注意義務及び忠実義務があったのにこれを怠り、その余の取締役及び監査役は、同代表取締役らが内部統制システムを構築しているか監視する善管注意義務または忠実義務があったのにこれを怠ったため、虚偽記載等を行うことを防止できなかったものであると主張して、監査役に提訴請求をし、その後株主代表訴訟を提起した。

大阪地方裁判所（以下「大阪地裁」という）は、取締役会にリスク管理体制（いわゆる内部統制システム）の大綱を決定する職務を、代表取締役及び業務担当取締役のリスク管理体制構築義務の履行を監視する義務を認めた。また、監査役にも取締役のリスク管理体制の整備を監視する義務を認めた。そして、各取締役、監査役の職務内容や事実を知った時期、職務執行の状況に応じて、役員としての責任を認めた。

判決理由の要旨は、以下のとおりである。

(2) 判決理由の要旨

① 健全な会社経営を行うためには、目的とする事業の種類、性質等に応じて生じる各種のリスク、例えば、信用リスク、市場リスク、流動性リスク、事務リスク、システムリスク等の状況を正確に把握し、適切に制御すること、すなわちリスク管理が欠かせず、会社が営む事業の規模、特性等に応じたリスク管理体制(いわゆる内部統制システム)を整備することを要する。

② そして、重要な業務執行については、取締役会が決定することを要するから(旧商260②)、会社経営の根幹に係るリスク管理体制の大綱については、取締役会で決定することを要し、業務執行を担当する代表取締役及び業務担当取締役は、大綱を踏まえ、担当する部門におけるリスク管理体制を具体的に決定するべき職務を負う。この意味において、取締役は、取締役会の構成員として、また、代表取締役または業務執行担当取締役として、リスク管理体制を構築すべき義務を負い、さらに、代表取締役及び業務担当取締役がリスク管理体制を構築すべき義務を履行しているか否かを監視する義務を負うのであり、これもまた、取締役としての善管注意義務及び忠実義務の内容をなすものというべきである。

③ 監査役は、旧商法特例法第22条第1項の適用を受ける小会社を除き、業務監査の職責を担っているから、取締役がリスク管理体制の整備を行っているか否かを監査すべき職務を負うのであり、これもまた、監査役としての善管注意義務の内容をなすべきものというべきである。

④ もっとも、整備すべきリスク管理体制の内容は、リスクが現実化して惹起する様々な事件事故の経験の蓄積とリスク管理に関する研究の進展により、充実していくものである。したがって、様々な金融不祥事を踏まえ、金融機関が、その業務の健全かつ適切な運営を確保するとの観点から、現時点で求められているリスク管理体制の水準をもって本件判断基準とすることは相当でないというべきである。また、どのような内容のリスク管理体制を整備すべきかは経営判断の問題であり、会社経営の専門家である取締役に、広い裁量が与えられていることに留意しなければならない。

⑤　取締役は、自ら法令を遵守するだけでは十分でなく、従業員が会社の業務を遂行する際に違法な行為に及ぶことを未然に防止し、会社全体として法令順守経営を実現しなければならない。しかるに、事業規模が大きく、従業員も多数である会社においては、効率的な経営を行うため、組織を多数の部門、部署等に分化し、権限を部門、部署等の長、さらにはその部下へ委譲せざるを得ず、取締役が直接すべての従業員を指導・監督することは不適当であるだけでなく、不可能である。そこで、取締役は、従業員が職務を遂行する際、違法な行為に及ぶことを未然に防止するための法令遵守体制を確立するべき義務があり、これもまた、取締役の善管注意義務及び忠実義務の内容をなすものというべきである。この意味において、事務リスクの管理体制の整備は、同時に法令遵守体制の整備を意味することになる。

⑥　財務省証券取引の事務リスクを管理するためのポジション枠、損切りルール等の取引に関する制限、ならびに取引担当者がこの制限を遵守していることを確認するためのフロント・オフィスとバック・オフィスの分離は、同法廷に提出された証拠上は、一応実施されていたものと評価される。

⑦　カストディ業務に内在する事務リスクを適切に管理するための、財務省証券の保管残高を確認する仕組みは整備され、かつ実施されていたものの、その検査方法は、検査対象者に隠蔽の機会を残すものであったと評価される。

⑧　ニューヨーク支店における財務省証券取引及びカストディ業務に関するリスク管理体制は、大綱のみならずその具体的な仕組みについても、整備されていなかったとまではいえないものというべきである。

⑨　大和銀行本部（検査部）、ニューヨーク支店及び会計監査人が行っていた財務省証券の保管残高の確認は、その方法において、著しく適切さを欠いていたものと評価される。財務省証券の保管残高の確認は、カストディ業務に内在する事務リスクを適切に管理するため、最も基本的かつ効果的であり、欠くことのできない仕組みである。

⑩　大和銀行は、顧客から預かり保管していた財務省証券の残高確認を行うにあたり、証券の性質に応じた現物確認（検査担当者が登録債の保管残高明細書をバンカーズ・トラストから直接取り寄せて支店の帳簿と照合すること）という欠くべからざる方法をとらないという、まさに重大な過誤を犯したために、本件無断売却を発見できなかったのであり、Ａが異常に巧妙な隠蔽工作をとったから本件無断売却を発見できなかったわけではない。

⑪　店内検査は、検査部の統括の下、検査部が担当取締役の決裁を経て作成した検査要領に基づいて実施されていたのであり、臨店検査は、検査部がこの検査要領に基づいて実施されていたのであるから、検査部の担当取締役が業務担当取締役あるいは使用人兼取締役として、財務省証券の保管残高の確認方法が適切さを欠いていたことにつき、任務懈怠の責を負う。また、店内検査及び内部監査担当者による監査は、ニューヨーク支店長の指揮の下実施されるのであるから、取締役が支店長を務めている場合には、同支店長が業務担当取締役としてあるいは使用人兼取締役として財務省証券の保管残高の確認方法が適切さを欠いていたことにつき、任務懈怠の責を負う。

⑫　大和銀行のような巨大な組織を有する大規模な企業においては、頭取あるいは副頭取が個々の業務についてつぶさに監督することは、効率的かつ合理的な経営という観点から適当でないのはもとより、可能でもない。財務省証券の保管残高の確認については、これを担当する検査部、ニューヨーク支店が設けられており、この両部門を担当する業務担当取締役がその責任において適切な業務執行を行うことを予定して組織が構成されているのであって、頭取あるいは副頭取は、各業務担当取締役にその担当業務の遂行を委ねることが許され、各業務担当取締役の業務執行の内容につき疑念をさしはさむべき特段の事情がない限り、監督義務懈怠の責を負うことはないものと解するのが相当である。

⑬　検査部及びニューヨーク支店の指揮系統に属さない取締役（代表取締役を含む）は、取締役会上程事項以外の事項についても、監視義務を負うの

であり、リスク管理体制の構築についても、それが適切に行われているか監視する義務がある。

⑭　ニューヨーク支店における財務省証券取引及びカストディ業務に関するリスク管理体制は、その大綱のみならず具体的な仕組みについても、整備がされていなかったとまではいえず、ただ、財務省証券の保管残高の確認方法が著しく適切さを欠いていたものであること、検査業務については、検査部という専門の部署が設けられていたこと、検査の専門の部署が、財務省証券の保管残高を確認するにあたり、バンカーズ・トラストから保管残高明細書を直接入手するという、まさに必要欠くべからざる手順をとらず、検査対象であるニューヨーク支店あるいはカストディ係にバンカーズ・トラストから財務省証券の保管残高明細書を入手させ、その保管残高明細書と同支店の帳簿を照合するという、基本的な過誤を犯すことを想定することは困難であること等の諸事情によれば、ニューヨーク支店を担当する取締役が適切な検査方法を採用したことについて、取締役としての監視義務違反を認めることはできないものというべきである。

⑮　監査役は、取締役の職務執行を監査する職務を負うのであり、検査部及びニューヨーク支店を担当する取締役が適切な検査方法をとっているかについても監査の対象であり、また、会計監査人が行う監査の方法及び結果が適正か否かを監視する職務も負っていた。

⑯　社外監査役が、監査体制を強化するために選任され、より客観的な立場で監査を行うことが期待されていること、監査役は独任制の機関であり、監査役会が監査役の職務の執行に関する事項を定めるにあたっても、監査役の権限の行使を妨げることができないこと（旧商特18の2②）を考慮すると、社外監査役は、たとえ非常勤であったとしても、常に、取締役からの報告、監査役会における報告などに基づいて受動的に監査するだけで足りるものとはいえず、常勤監査役の監査が不十分である場合には、自ら調査権（旧商274②）を駆使するなどして積極的に情報収集を行い、能動的に監査を行うことが期待されているものというべきである。

⑰　常勤監査役は、取締役会、経営会議、定例役員会及び海外拠点長会議等に出席するほか、海外拠点長会議の際は、ニューヨーク支店長に対するヒアリングを行い、また、検査部の臨店検査の検査報告書、会計監査人の監査結果報告書を閲覧し、さらには、会計監査人の監査結果の報告、大蔵省（検査）及び日本銀行（考査）による検査の講評及び報告を受けるなど十分な監査を行っていたにもかかわらず、財務省証券の保管残高の確認方法の問題点を発見することができなかったのであるから、ニューヨーク支店に往査し、会計監査人の監査に立ち会った監査役を除く他の監査役には、常勤非常勤を問わず、また、社外であるか否かを問わず、同支店における財務省証券の保管残高の確認方法の問題点を知り得なかったものと認められ、財務省証券の保管残高の確認方法の不備につき責を負わないものというべきである。

⑱　Y_{32}が平成5年9月にニューヨーク支店に往査しており、同人は、会計監査人による財務省証券の保管残高の確認方法が不適切であることを知り得たものであり、これを是正しなかったため、本件訴因に係る行為を未然に防止することができなかったものである。

3. ダスキン事件判決

(1) 事案の概要

　株式会社ダスキン（以下「ダスキン」という）は、平成11年11月、食品メーカー等3社（甲社、乙社、丙社）とダスキンとで、「大肉まん」開発プロジェクトを設け、「大肉まん」の試作を開始した。その際、肉まんの皮の色つやを良くするとともに食感を高めるために練りこむ油脂としてショートニングを使用することとなったが、乙社が使用するショートニングに含まれる酸化防止剤に、日本では食品衛生法上使用が認められていないt－ブチルヒドロキノン（以下「TBHQ」という）が含まれていた。ただし、開発段階では発覚していなかった。その後、平成12年3月に5店で試作品の販売が行われ、その後、同年5月からテスト販売が行われた。

ダスキンは、平成12年10月6日から全国の店舗で販売を開始した。販売量は月間約500万個であった。全国で販売された「大肉まん」は、乙社と丙社が製造していた。

　他方、丁社は、平成12年8月頃から「大肉まん」のテスト製造を始めたが、レシピの開示を受けたにもかかわらず、同年9月に至っても予定の水準に達せず、合格品を製造することができなかった。そして乙社の使用している材料等を取り寄せて調査している間に、乙社が製造している「大肉まん」に日本では認可されていないが中国では使用が認められているTBHQが含まれたショートニングが使用されていることを発見した。丁社代表取締役であるZは、平成12年11月30日、ダスキンで行われた丁社の「大肉まん」の試食の会合の席上で、これを発表した。この席には、ダスキン側では商品本部プロダクトマネージャー統括部長のG、甲社のPとQ、丁社側としてZと同社の専務のほか、Mも参加していた。

　Gは、直ちにY_{13}にこのことを報告し、同人は、事実関係を至急調査するように指示した。

　乙社の中国での製造委託会社は、同年12月2日、ショートニングの仕入先に確認して、「大肉まん」に使用しているショートニングには日本で使用が許されていない添加物が含まれていることが判明したため、自主的に操業を停止した。ダスキンから出張した品質管理担当者は、同日、Gに対し、日本では使用が許されていないTBHQが「大肉まん」に混入していることと、午後からの工場の操業停止を報告した。その後、乙社はTBHQの変わりに添加物として、食品衛生法上認可されているHPW-43E（ビタミンE）を使用することとし、平成12年12月6日、中国の工場における「大肉まん」の製造を再開した。

　Y_{13}は、同日頃、Y_{12}に対し、乙社が製造した「大肉まん」に日本では使用が許されていない添加物であるTBHQが混入していた旨を連絡するとともに、国内の公的機関に「大肉まん」の食品分析を依頼しており、同月6日に結果が出るので、在庫品の廃棄等は待って欲しい旨要望し、Y_{12}はこれを了

解した。

　Gは、12月6日、日本油料検定協会が「大肉まん」2個の皮部分について TBHQ の検査を行ったが、定量加減が0.01グラム／キログラムの検査で検出しなかったとの結果の報告を受け、これを Y_{13} に伝え、Y_{13} は Y_{12} にこの検査結果を伝えた。

　Y_{12} 及び Y_{13} は、平成12年12月8日頃、乙社が製造した「大肉まん」について、加盟店や国内外の倉庫等に当該「大肉まん」の在庫がある限度で販売を維持すること（以下「本件販売継続」という）が決定した。平成12年5月から同年12月20日頃までの間に、TBHQ が混入した「大肉まん」の販売量は1,314万個（同年12月1日以降に限ると約300万個）である。ダスキンは、Zに対し、平成12年12月13日に800万円、同月15日に2,500万円をそれぞれ支払った。また、Y_{13} は、平成13年1月18日、取引先代表者のN社長から3,000万円を借り入れ、同日、Zまたはその代理人である丁社の専務に対して、同額を支払った（以下、この2回の支払いを併せて「本件支払い」という）。本件支払いは、口止め料とされている。

　Mは、同年12月29日（金曜日）頃、ダスキンの取締役であり生産本部運営本部長をしていたLのもとを訪れ、「大肉まん」に未認可添加物が混入していたことを話した。Lは、直ちに、専務取締役で生産本部担当の Y_2 に対し、Mは改めてダスキンが販売してきた「大肉まん」に日本では許可されていない未認可添加物が混入していたことを説明した。Y_2 は、Mが帰った後で、Y_{13} に電話をして事実関係を確認した。Y_{13} は、「大肉まん」に未認可添加物である TBHQ が混入していた事実はあったが、害のないものであることが判明したので販売した、在庫は残っておらず、その件の処理は既に済んでいる旨を Y_2 に説明した。Y_2 は、Y_{13} の説明で了解し、それ以上の措置を具体的に講ずるようなこともせず、また、そのことを Y_1 や取締役会に報告することもしなかった。

　Mは、平成13年2月8日頃、ダスキンの社長室に Y_1 を訪ね、ダスキンが販売してきた「大肉まん」に未認可添加物が混入していたことを話した。Y_1

は、その場にMを待たせた上で、フードサービス事業グループ担当の最高責任者で専務取締役であったY_{12}とMDFC本部長であるY_{13}を呼んで、事情を説明させることにした。Y_{12}及びY_{13}は、Mが同席している社長室に呼び出され、Y_1にまでことが知れていることに慌てたが、その場を取り繕いながらも経過を説明し、本件混入及び本件販売継続、ならびに(1) (TBHQが混入していた)「大肉まん」の中国における在庫処分及び国内における在庫ゼロの状況、(2)国内の第三者機関による検査では、(TBHQが)検出できなかった事実、(3)既に専門家であるZと新たに業務委託契約を締結し、3,300万円を払っていることなどを報告した。Y_1は、Y_{12}及びY_{13}の上記報告に対し、別段の指示をすることはなく、事実上その措置を了承した。Y_1は、総務本部担当の常務取締役であったY_4に対しては同日あるいは翌日頃、以上のような経過を話したが、取締役会に報告するなどそれ以上の措置をとることはなかった。他方、Y_{12}も、Y_1から事情報告を求められたことから、それを総務担当のY_4には話しておく必要があると考え、社長室からの帰りにY_4に経緯を伝えた。

Y_1は、平成13年5月18日頃、たまたま、取引先のN社長からY_{13}に3,000万円を貸しているが返して貰っていないという話を聞き、Y_{13}に質して上記3,300万円以外にBが取引先から金を工面して3,000万円をZに渡していることを知った。不審に思ったY_1は、その頃Y_4に調査を依頼し、またY_{12}に資金が一部流れているのではないかとも疑い、6月頃、Y_{12}から弁明書の提出を受けた。

Y_7は、平成13年7月18日頃、Y_{10}からY_{13}がZから金を脅し取られているようだ、その背景には「大肉まん」に未許可添加物が混入したことがあるようだとの相談を受けた。Y_7は、このことをY_4に話し、Y_4は、Y_2、Y_3にも報告し、4人にまず事実関係を確認することにした。そして、Y_7とY_4が、同月20日Y_{13}から急遽事情を聴き23日にはGにも確認した。その後さらに関係者らに確認するなどして、それらの説明で、詳細な経緯が判明した。

同年9月18日に至って、社外取締役の提案で、MD調査委員会が組織さ

れ、主に関係者の処分と方針の策定を目的にさらに事実関係の調査がなされ、その最終的な結果は、同年11月6日までに「MDに関する調査報告書」にまとめられ、同月29日の取締役会に報告された。

　上記報告書には、同委員会の所見として、本件販売及び本件支払いについて、Y_{12}及びY_{13}に善管注意義務違反が認められる旨等が記載され、担当者の処分その他今後の方針について、Zについては速やかに取引関係を解消しなければならないこと、同委員会の調査にかかる情報の開示については、性質上、慎重を期する必要があるので、内容の開示に際しては、その時期、方法、内容等について十分留意されたいこと等が記載されている。しかし、消費者への対応のあり方や今後ダスキンが被るおそれのある信用失墜への対策、マスコミへの公表の要否等については触れられていない。

　ダスキンは、前記MD調査委員会の調査報告書の提出を受けて、平成13年1月29日開催の取締役会において、本件販売及び本件支払いに関し、Y_{13}の取締役辞任を受理すること、Y_{12}との間の顧問契約を解約すること、Y_{10}を1か月間100分の10の減給とすること等の処分を決定した。

　Y_2、Y_3、Y_4及びY_8は、その頃までに、ダスキンの最高経営顧問らの意見も聴取した上、直ちに自ら積極的に公表することはしないことを決定し、同月29日に行われた上記取締役会でも自ら積極的に公表しないことについて明示の議決はされていないが、そのことを前提として、他の議案が可決された。

　ダスキンの本件販売については、厚生労働省への匿名による通報があり、平成14年5月15日、保健所が大阪府下のミスタードーナツ8店舗に立ち入り検査を行ったのをきっかけとして、同月20日、共同通信社からダスキンに対し取材がされた。そこで、ダスキンは、同日、記者会見をして、本件販売の事実を公表した。翌21日以降、新聞等のマスコミで本件販売及び本件支払い等について、大きく報道された。特に、ダスキンが食品衛生法上使用が許されていない添加物を含んだ「大肉まん」の販売を故意に継続するという食品衛生法違反行為を行ったこと、当該事実を指摘した業者に「口止め料」を支払ったこと、さらにY_1により隠蔽がされたこと等の疑惑が大きく報道され

た。

　大阪府は、平成14年5月31日、ダスキンに対し、「大肉まん」の仕入・販売禁止の処分をした。

　ダスキンは、同日、上記処分を受けて、Y_2の報酬を3か月間全額カットすること、Y_3を代表取締役副社長から代表取締役専務に降格し、その報酬を3か月間20％カットすること、Y_4を常務取締役から取締役に降格し、その報酬を3か月間20％カットすること、ならびにY_{11}、Y_{10}、Y_8及びY_9の報酬をそれぞれ3か月20％カットすること等の処分を決定した。

　ダスキンは、平成14年6月20日開催の取締役会において、「ダスキン再生委員会」の発足を決定した。

　ダスキン再生委員会は、本件販売及び本件支払等の事実関係を調査し、同年9月25日、Y_2に対し、報告書を提出した。

　ダスキンは、平成15年9月4日、本件販売を理由に、食品衛生法違反の罪で罰金20万円の略式命令を受けた。

　ダスキンは、食品衛生法に違反して「大肉まん」を販売したことに関して、第41期（平成14年4月1日〜平成15年3月31日）決算において、合計105億6,100万円の出捐（以下「本件出捐」という）を計上した。

　ダスキンの株主Xは、ダスキン（監査役C、同D、同E及び同F）に対し、平成15年1月14日に到達した書面で、Y_1、Y_2、Y_3、Y_4、Y_5、Y_6、Y_7、Y_{11}ならびにY_{12}及びY_{13}の責任を追及する訴えを提起するよう請求したが、ダスキンは、上記請求の日から60日を経過しても、訴えを提起しなかった。さらに、Xは、ダスキン（監査役C、同D、同E及び同F）に対し、平成15年2月17日に到達した書面で、Y_8、Y_9、Y_{10}の責任を追及する訴えを提起するよう請求したが、ダスキンは、上記請求の日から60日を経過しても、訴えを提起しなかった。そこで、Xは、平成15年4月4日、大阪地裁に訴えを提起した。

　さらにXは、ダスキン（代表取締役Y_9）に対し、平成15年5月15日に到達した書面で、Y_7の責任を追及する訴えを提起するよう請求したが、ダスキ

ンは、上記請求の日から60日を経過しても、訴えを提起しなかった。

　そこで、Xは、取締役らが(1)食品衛生法上許されていない添加物がダスキンの販売する食品に使用されることがないようなリスク管理体制を構築する善管注意義務（旧商254③、民644、旧商280）があったのにこれを怠り、また、食品衛生法上販売が許されていない添加物の使用を発見していた場合に、取締役がどのように報告し行動しなければならないのか等についてマニュアルを作成し周知徹底させ、違法行為等があれば、即座にコンプライアンス部門等を通して取締役会に報告される体制を構築するなどの善管注意義務があったのにこれを怠り、その結果、ダスキンにミスタードーナツ加盟店営業補償、キャンペーン関連費用等の出捐や支払いを余儀なくさせ、合計106億2,400万円の損害を与えた。また、(2)ダスキンが、「大肉まん」がTBHQを含んでいることを知らせたZに対して6,300万円を支払ったことについて、取締役らは、恐喝等違法行為の疑いがある事実を認識した場合には、直ちにコンプライアンス部門に報告し、同部門は必要な調査をした上、取締役会に報告する体制を構築する善管注意義務があったのにこれを怠り、ダスキンに上記支払額と同額の損害を与えた。さらに(3)取締役らがTBHQを含んだ「大肉まん」を回収し、謝罪等の被害回復措置をとるべき善管注意義務があったのにこれを怠り、その結果、ダスキンに上記(1)の出捐や支払いを余儀なくさせ、合計106億2,400万円の損害を与えたと主張して、旧商法第266条第1項第五号、第277条、第278条に基づき、連帯して、上記損害額及び遅延損害金を同社に対し賠償することを求める本件訴えを提起した。

　これに対し、裁判所は、取締役Y_{12}、Y_{13}については、弁論を分離し、一審（大阪地裁）、控訴審（大阪高裁）ともに善管注意義務違反を認めた。ただし、金額については、一審は106億2,400万円全額の連帯責任を認めたのに対し、控訴審では、53億4,350万円の連帯責任とした。

　その他の取締役・監査役については、第一審では、早い段階で事実を知ったと認定されたY_2のみ善管注意義務違反を認め、その余の取締役・監査役の善管注意義務違反は認めなかった。しかし、控訴審においては、すべての

取締役・監査役について、善管注意義務違反を認めた。金額については、第一審がY_2のみ、5億2,955万円の責任を認めたのに対し、控訴審では、Y_1について5億2,805万円、Y_2について5億5,805万円（連帯部分は内金5億2,805万円）、Y_3、Y_4、Y_5、Y_6、Y_7、Y_8、Y_9、Y_{10}及びY_{11}については各2億1,122万円の連帯責任とした。

どちらの事件も、被告である取締役らは上告したが、最高裁は、控訴審の結論を指示し、上告を棄却し、また上告受理申立てを却下した。

各判決の判決理由の要旨は、以下のとおりである。

(2) 判決理由の要旨
○第一審（大阪地裁平成16年12月22日判決 資料版商事法務 250号186頁）
① 　ダスキンは、平成12年当時、乙社から「大肉まん」の供給を受けるについて品質確保のために必要な措置を講じていなかったとまではいえないから、この点に関する限り、当時フードサービス事業グループ担当専務取締役であったY_{12}及びミスタードーナツFC本部長取締役であったY_{13}について、業務担当取締役または使用人兼務取締役としての善管注意義務違反は認められない。

　　したがって、当時代表取締役会長兼社長であったY_1について、監督義務の懈怠は認められず、同人を除くその余の取締役らについて、監視義務の懈怠は認められない。また、Y_7について、監査役としての善管注意義務違反も認められない。
② 　健全な会社経営を行うためには、目的とする事業の種類、性質等に応じて生じる各種リスク、例えば、信用リスク、市場リスク、流動性リスク、事務リスク、システムリスク等の状況を正確に把握し、適切に制御すること、すなわちリスク管理が欠かせず、会社が営む事業の規模、特性等に応じたリスク管理体制（いわゆる内部統制システム）を整備することを要する。

　　もっとも、整備すべきリスク管理体制の内容は、リスクが現実化して惹起する様々な事件事故の経験の蓄積とリスク管理に関する研究の進展によ

り充実していくものである。したがって、現時点で求められているリスク管理体制の水準をもって、本件の判断基準とすることは相当でないというべきである。また、どのような内容のリスク管理体制を整備すべきかは経営判断の問題であり、会社経営の専門家である取締役に、広い裁量が与えられているというべきである。

③　ダスキンは、当時、担当取締役は経営上の重要な事項を取締役会に報告するよう定め、従業員に対しても、ミスや突発的な問題はすみやかに報告するよう周知徹底しており、違法行為が発覚した場合の対応体制についても定めていた（「内部摘発」による違法行為の発覚も想定されている）。また、その上で、実際に起こった食中毒に関する企業不祥事の事案を取り上げて注意を促すセミナーも開催していたものであり、ダスキンにおける違法行為を未然に防止するための法令遵守体制は、本件販売当時、整備されていなかったとまではいえないものというべきである。

④　ダスキンにおける違法行為を未然に防止するための法令遵守体制は、本件販売当時、整備されていなかったとまではいえないから、取締役らについて善管注意義務違反は認められない。また、Y_7について、監査役としての善管注意義務違反も認められない。

⑤　本社部門にどのような内容の経理体制を整備すべきかは、経営判断の問題であり、会社経営の専門家である取締役に、広い裁量が与えられているというべきである。そして、経理本部が事業部門の出捐の必要性、相当性等を審査する体制を構築しなかったからといって、当時経理担当取締役であったY_5について、使用人兼務取締役としての善管注意義務違反は認められない。

　したがって、当時代表取締役会長兼社長であったY_1について、監督義務の懈怠は認められず、同人を除くその余の取締役らについて、監視義務の懈怠は認められない。また、Y_7について、監査役としての善管注意義務違反も認められない。

⑥　Y_1が、取締役を辞任するまでの間に、本件販売の事実を認識したもの

と認めることができない。したがって、Y_1が本件販売の事実を積極的に公表する等の措置をとらなかったことについて善管注意義務違反は認められない。

⑦　本件販売後の対応について、Y_1の善管注意義務違反は認められないから、Y_1の善管注意義務違反を前提とするY_7の善管注意義務違反は認められない。

⑧　Y_2は、本件販売が行われた直後の平成12年12月29日頃に、「大肉まん」に使用が許されていない添加物が含まれていたことを知ったものであるところ、食品販売事業を営む会社であるダスキンが、使用を許可されていない添加物を含んだ食品を販売する行為は具体的な法令に違反している可能性があるということは、たとえ当該事業を担当していない取締役であっても認識することができる。

⑨　Y_2は、具体的な法令に違反する可能性のある事実を認識したものであるから、担当取締役であるY_{13}に単なる事実確認をするにとどまるのではなく、Y_2としては、少なくとも、当時のダスキンの業務執行機関の最高責任者であった代表取締役会長兼社長のY_1に報告しなければならない善管注意義務を負っていたものといえる。しかるに、Y_2は、上記義務を怠ったものである。

⑩　Y_2の善管注意義務違反行為と本件出捐及び本件支払いのうち、平成13年1月18日支払いの3,000万円との間の法律上の因果関係が否定されることはない。

⑪　Y_2が「大肉まん」に使用が許されていない添加物が含まれていたという事実を、当時代表取締役会長兼社長であったY_1に報告し、ダスキンにおいて、本件販売の終了後早期に、「大肉まん」回収の措置をとり、本件支払いのうち3,000万円の支払いを防止していたとしても、やはり、消費者が本件販売の事実を知って、ダスキンの販売する食品の安全について、不審、不安を抱き、その結果として、同社の信用が損なわれ、売上げが減少し、同社が本件出捐のような性格を有する多額の費用を負担しなければ

ならなくなる蓋然性があったものである。
　そうすると、Y_2に対し、本件出捐や本件支払い（そのうち3,000万円）という損害の全額について賠償させるのは、公平を失するから、寄与度に応じた因果関係の割合的認定を行うのが合理的であり、合計額105億9,100万円のうち、5％に当たる5億2,955万円の限度で責任を負うものとするのが相当である。
⑫　Y_3らが本件販売の事実を積極的に広報する等の措置をとらなかったことと本件出捐との間に因果関係があるものとは認められないから、Y_3らが本件販売の事実を積極的に公表する等の措置をとらなかったことについて善管注意義務違反と認められるか否かについて判断するまでもなく、この点についてY_3らの責任は認められない。
⑬　Y_1において、X主張の事実関係について自らまたは部下に指示して積極的に調査、確認しなければならない善管注意義務・忠実義務や、上記噂があったことを取締役会に上程しなければならない善管注意義務・忠実義務があったと認めることはできない。

○控訴審（大阪高裁平成18年6月9日判決　資料版商事法務　268号74頁）
①　Y_1らが本件混入の事実及び本件販売の事実を知ったのは、Y_1は平成13年2月8日頃、Y_2は平成12年12月末頃である。Y_{10}及びY_4については、Y_{10}が平成12年12月頃、Y_4が平成13年2月頃には一部の事実を知ったことがうかがえなくはないが、その内容等は判然としない。その余の取締役らについては、平成13年7月頃以降のことであり、Y_{10}及びY_4も同様に認めるしかない。
②　Y_1らが、それぞれ本件混入及び販売等の事実を知った後、すみやかに、ダスキンの損害及び信用失墜を最小限度にとどめるための適切な対応を講じなかった点などについて、それぞれ善管注意義務違反が認められる。
③　Y_1らの上記善管注意義務違反と本件出捐（及びY_2については本件支払中3,000万円）とには、一定程度の因果関係が認められ、Y_1については、本

件出捐額の5％、Y_2については本件出捐額の5％とZへの本件支払中3,000万円の合計額、その他の取締役らについては本件出捐額の2％を、連帯してダスキンに賠償する義務がある。

④　ダスキンとしては、平成12年当時、乙社から「大肉まん」の供給を受けるについて品質確保のために必要な措置を講じていなかったとまでは認めることができないから、この点に関する限り、当時フードサービス事業グループ担当専務取締役であったY_{12}及びMDFC本部長取締役であったY_{13}について、業務担当取締役または使用人兼務取締役としての善管注意義務違反は認められない。

　　したがって、当時代表取締役会長兼社長であったY_1について、監督義務の懈怠は認められず、Y_1を除くその余の取締役らについても、監視義務の懈怠は認められない。また、Y_7について、監査役としての善管注意義務違反も認められない。

⑤　健全な会社経営を行うためには、目的とする事業の種類、性質等に応じて生じる各種のリスク、例えば、信用リスク、市場リスク、流動性リスク、事務リスク、システムリスク等の状況を正確に把握し、適切に制御すること、すなわちリスク管理が欠かせず、会社が営む事業の規模、特性等に応じたリスク管理体制(いわゆる内部統制システム)を整備することを要する。

　　もっとも、整備すべきリスク管理体制の内容は、リスクが現実化して惹起する様々な事件事故の経験の蓄積とリスク管理に関する研究の進展により充実していくものである。したがって、現時点で求められているリスク管理体制の水準をもって、本件の判断基準とすることは相当でないというべきである。また、どのような内容のリスク管理体制を整備すべきかは基本的には経営判断の問題であり、会社経営の専門家である取締役に、広い裁量が与えられているというべきである。

⑥　ダスキンにおける違法行為を未然に防止するための法令遵守体制は、本件販売当時、整備されていなかったとまではいえないから、取締役Y_1らについて善管注意義務違反は認められない。また、Y_7について、監査役

として善管注意義務違反も認められない。
⑦　本社部門にどのような内容の経理体制を整備すべきかは、基本的には、経営判断の問題であり、会社経営の専門家である取締役に、広い裁量が与えられているというべきである。

　そして、経理本部が事業部門の支出の必要性、相当性等を審査する体制を構築しなかったからといって、当時経理担当取締役であったY_5について、使用人兼務取締役としての善管注意義務違反は認められない。

　また、他の取締役らは、支出について直接その当否を判断すべき立場になかったが、前記の点からみて、これが監督義務・監視義務を怠ったものということはできず、他にも善管注意義務違反は認められない。また、Y_1についても、監査役としての善管注意義務違反も認められない。

⑧　Y_2が本件混入や本件販売継続の事実を知りながら、事実関係をさらに確認するとともに、これを直ちに社長であるY_1に報告し、事実調査の上で、販売中止等の措置や消費者に公表するなどして回収の手立てを尽くすことの懈怠があったことは明らかである。

⑨　Y_1が、(本件混入及び販売継続及びZへの業務委託契約等を知った平成13年2月以降)、事実関係を徹底的に調査し、早期に適切な対応をとるといった隠蔽を事実上黙認したこと、及び公表の要否等を含め損害回避に向けた対応策を積極的に検討することを怠ったことにおいて、Y_1の代表取締役社長としての善管注意義務の違反は明らかである。

⑩　その他の取締役に関して、自ら積極的に公表しないとの方針については、同取締役会において明示的な決議がなされたわけではないが、当然の前提として了解されていたのであるから、取締役会に出席した上記その他の取締役らも、この点について取締役としての善管注意義務違反の責任を免れない。

⑪　Y_7を除く取締役らに「自ら積極的には公表しない」という方針を採用し、消費者やマスコミの反応をも視野に入れた上での積極的な損害回避の方策の検討を怠った点において、善管注意義務違反のあることは明らかで

ある。
⑫　監査役であったY_7も、自ら上記方策の検討に参加しながら、以上のような取締役らの明らかな任務懈怠に対する監査を怠った点において、善管注意義務違反があることは明らかである。
⑬　Y_2の善管注意義務違反と本件支払中3,000万円との支払いとの間には因果関係が認められる。Y_2以外の取締役・監査役らに関しては、その知情の時期等に照らして、それぞれの善管注意義務違反と本件支払い3,000万円との間に因果関係は認められない。
⑭　本件出捐については、Y_1らの善管注意義務違反と因果関係が認められる損害は、次のとおりであると認めるのが相当である。

Y_1：本件出捐105億6,100万円の5％に当たる5億2,805万円
Y_2：本件出捐105億6,100万円の5％に当たる5億2,805万円と本件支払中3,000万円の合計額5億5,805万円
その他の取締役・監査役：本件出捐105億6,100万円の2％に当たる2億1,122万円

4. ライブドア株主損害賠償請求事件（東京地裁平成21年6月18日判例タイムズ 1310号198頁）

(1) 事案の概要

Xらは、東京証券取引所のマザーズ市場に上場されていた被告株式会社LDH（旧商号ライブドアホールディングス、旧々商号ライブドア、以下「被告ライブドア」という）または被告ライブドアの子会社であった株式会社ライブドアオート発行の株式（以下「LDA株式」という）を取得した株主である。Xらは、被告ライブドアが関東財務局長に提出した平成16年9月期の半期報告書（以下「本件半期報告書」という）及び同月期の有価証券報告書（以下「本件有価証券報告書」という）の重要な事項に虚偽記載があったため、損害を被ったなどと主張して、被告ライブドア、同社の（代表）取締役、監査役であったY_6、Y_7ら、同社の連結財務諸表等の監査を受託していた監査法人

及び同監査法人の社員であった公認会計士ら22名に対し、不法行為、平成17年法律第87号による改正前の商法第266条の3第1項または金融商品取引法（平成18年法律第65号により題名が「証券取引法」から変更された。以下「旧証取法」という）の規定に基づき、損害賠償（X_1が1億2,329万5,825円、X_2が2,776万977円）を求めた事案である。

　近時、上場会社の有価証券報告書等の虚偽記載を理由として、会社及び取締役、監査役に対する損害賠償責任の成否、損害額の算定が問題となっていることから、同種事案のリーディングケースとして、注目された事案である。

　本件の争点は、次の3点である。第1の争点は、本件半期報告書及び本件有価証券報告書の重要な事項について虚偽記載があるかどうかという点であり、具体的には、①本件ライブドア株式売却益37億6,699万6,545円を被告ライブドアの連結売上げに計上することが許されないかどうかという点であり、②被告ライブドアの子会社であるキューズ及びロイヤルに対する連結売上げ15億8,000万円が架空売上げかどうかという点である。第2の争点は、本件半期報告書及び本件有価証券報告書の提出についての被告らに損害賠償責任があるかどうかという点である。第3の争点は、Xらは被告らの違法行為により損害を被ったか、被ったとした場合、その額は幾らかという点である。

(2) 判決の要旨
○第1の争点について
① 本件半期報告書及び本件有価証券報告書提出当時の「自己株式及び法定準備金の取崩等に関する会計基準」（企業会計基準第1号）は、一般に公正妥当と認められる企業会計の基準として扱われているところ、同基準によれば、連結子会社が親会社の株式を処分した場合、連結損益計算上、処分差益等は収益に計上せず、連結貸借対照表上の資本の部の「その他資本剰余金」に計上するものとされていた。ところで、本件ライブドア株式の売却は、投資事業組合（ファンド）を利用して行っているが、当該売却は、

実質的には被告ライブドアの子会社であるライブドアファイナンスが行ったものと認めるのが相当である。そうだとすると、その売却益である37億6,699万6,545円は連結子会社であるライブドアファイナンスによる親会社株式（ライブドア株式）の処分差益となり、これを被告ライブドアの連結損益計算書上、売上げとして計上することは、一般に公正妥当と認められる上記企業会計の基準に反するものであって、許されない。

②　被告ライブドアが、平成16年9月期の連結売上げに計上した、キューズ及びロイヤルに対する売上合計15億8,000万円は、いずれも架空であったと認められる。

③　したがって、①のうち、22億9,673万8,719円を計上した連結損益計算書を掲載した本件半期報告書ならびに①及び②を計上した連結損益計算書を掲載した本件有価証券報告書には、重要な事項につき虚偽の記載があったと認められる。

○第2の争点について

①　被告ライブドアが本件半期報告書及び本件有価証券報告書の重要な事項について虚偽記載をしている以上、ライブドア株式を発行した同社及び取締役ら被告らは、損害賠償責任を負う。

②　旧証取法に基づく監査役 Y_6、Y_7 の責任については、本件半期報告書の提出及び本件有価証券報告書の提出については、本件半期報告書、本件有価証券報告書に重要な事項に関する虚偽の記載があることについて「相当な注意を用いたにもかかわらず知ることができなかった」（旧証取法21②一）とは認められず、同条の免責事由が認められないから、旧証取法第24条の4、第22条第1項の責任を負う。

③　旧商法第280条第1項、第266条の3第1項に基づく監査役 Y_6、Y_7 の責任については、Y_6 及び Y_7 は、平成16年11月8日時点でも被告港陽監査法人がキューズ及びロイヤルに対する売上げが架空でないかという疑いをもっていることを認識していたのであるから、業務一般の監査権をもち、

会社に対して善管注意義務及び忠実義務を負う監査役として、被告港陽監査法人に対し、なぜ被告ライブドアの連結財務諸表に無限定適正意見を示すに至ったのかについて具体的に報告を求め（旧商特8②参照）、被告ライブドアの取締役や執行役員に対して、なぜ架空との疑念がもたれるほどの多額の売上げを期末に計上するに至ったのかについて報告を求める（旧商274②参照）などして、被告ライブドアの会計処理の適正を確認する義務があったものというべきであり、かつ、その義務は容易に認識し、履行し得たものと認められる。それにもかかわらず、Y_6、Y_7は、特段の調査もせず、結果として被告ライブドアは連結経常利益を50億3,421万1,000円とする内容虚偽の連結損益計算書を掲載した虚偽記載のある本件有価証券報告書を掲載するに至っている。

したがって、Y_6及びY_7は少なくとも重過失により自らの任務を懈怠したものであるから、本件有価証券報告書の虚偽記載によって損害を被ったものに対し、当該損害を賠償する責任を負うというべきである。

○第3の争点について

① 損害の発生

被告ライブドアが計上することが許されないライブドア株式売却益及び架空売上げを連結売上高に含めずに、平成16年9月期中間期に経常損失が発生したとする連結損益計算書を掲載した半期報告書及び平成16年9月期の経常損失が発生したとする連結損益計算書を掲載した半期報告書、有価証券報告書を提出していた場合に形成されていたライブドア株式の本来あるべき市場株価が、本件半期報告書及び本件有価証券報告書の提出後に形成された現実の市場株価を下回ることは明らかである。したがって、Xらは、本件半期報告書提出後取得したライブドア株式について、潜在的には、当該株式の取得時点において、本来あるべき市場株価と現実の市場株価（取得株価）の差額（取得時差額）相当の損害を被り、当該虚偽記載が明らかになってライブドア株式の市場価格が下落した結果、上記損害を現実に被った。しかし、本件半

期報告書または本件有価証券報告書により、LDA株式取得についての損害の発生は認められない。

② 損害額の算定（旧証取法21の2②による損害額の推定）

本件有価証券報告書の虚偽記載については、東京地検の検察官が、平成18年1月18日、報道機関の報道を介して、当該虚偽記載に係る記載すべき重要な事項について、多数の者の知り得る状態に置く措置をとった時点で公表があった。

旧証取法第21条の2第2項により、本件有価証券報告書の虚偽記載による損害として推定される公表日前後の1か月のライブドアの株式の株価（終値平均額）の差額は585円である。

しかし、過去の経営成績を偽った本件有価証券報告書の虚偽記載の公表だけでなく、被告ライブドアの創業以来の代表者であった被告Y_2や経営陣からの排除、ライブドア株式が管理ポストに指定されて上場廃止のおそれがあるとされたことといった「虚偽記載等によって生ずべき値下がり以外の事情」が、ライブドア株式の株価の急速な下落に影響を与えたものと推認される。そうだとすると、ライブドア株式1株当たりの損害額は200円と認められる。

○結論

① 監査役であるY_6、Y_7を含む被告らは、X_1に対し、4,788万9,865円、X_2に対し、1,088万8,817円の賠償責任を負い、

② 本件半期報告書提出時に被告ライブドアの取締役でなかったY_4を除く被告らは、連帯して、X_1に対し、111万円、X_2に対し、210万円の賠償責任を負う。

5. 大原町農協事件判決（最高裁平成21年11月27日第二小法廷判決、破棄自判、最高裁ホームページ掲載）

(1) 事案の概要

大原町農業協同組合Xの代表理事兼組合長Aが、堆肥センター建設事業

のための補助金の交付申請につき理事会に虚偽の報告をして同組合の費用負担の下で同事業を進めたが、資金調達の目途が立たず、大原町農業協同組合において同事業を実現することが不可能になり、大原町農業協同組合に5,689万4,900円の損害が生じたため、大原町農業協同組合Ｘが、当時の同農業組合の監事Ｙに対し、Ｙによる監査に忠実義務違反があったと主張し、農協法（平成17年法律第87号改正前のもの）第39条第2項、第33条第2項に基づき、損害賠償の一部を請求した。

　原審（広島高等裁判所岡山支部平成19年6月14日、公刊物未搭載）は、大原町農業共同組合Ｘにおいて、同組合の役員は、代表理事兼組合長Ａのみが常勤であり、Ａが自ら責任を負担することを前提として、理事会の一任を取り付けた上で様々な事項を処理判断するとの慣行が存在し、その慣行に基づき理事会が運営されてきたものであり、Ａはその慣行に従い、理事会を誘導しており、その間のＡの一連の言動につき、不審を抱かせる状況はなく、Ａに対してさらにその発言の裏付資料を求めなければならないという義務を監事Ｙに課すことは酷であるとして、Ｙには農業協同組合法第39条第2項、第33条第2項に基づく責任を負わないとした。

　これに対し、最高裁は、原審が認定した事実関係の下、Ａの一連の行動から、Ａに善管注意義務違反があることをうかがわせる事情が十分にあったものとして、資金の調達方法を調査、確認しなかった同組合の監事であるＹに任務の懈怠があるとして、Ｙに1,000万円の支払いを命じた。

　農協法上、農協の理事、監事の責任については、旧商法、会社法の規定が準用されている。協同組合と株式会社という組織上の違いはあるものの、農業協同組合上の監事と会社法上の監査役の権限、責任はほぼ同一と考えられるため、株式会社においても監査役が、取締役の不正を見逃した場合に監査役が負う責任について参考となるものである。

(2) 判決

① 本件は、農業協同組合（以下「組合」という）である上告人が、その監

事であった被上告人に対し、上告人の代表理事が資金調達の目途が立たない状況の下で虚偽の事実を述べて堆肥センターの建設事業を進めたことにつき、被上告人による監査に忠実義務違反があったなどと主張して、農業協同組合法（平成17年法律第87号による改正前のもの。以下同じ）第39条第2項、第33条第2項に基づく損害賠償の一部を請求する事案である。

② 原審の適法に確定した事実関係等の概要は、次のとおりである。

(1) 上告人には、役員として理事及び監事が置かれており、平成12年当時、理事の定数は18名、監事の定数は6名とされていた。

理事のうち1名は常勤で、通常、常勤の理事が代表理事兼組合長に選任されていた。定款上、組合長は、組合の業務を統括するものとされていた。

(2) A（以下「A」という）は、平成12年8月19日に上告人の理事に、同月29日に代表理事兼組合長に就任した。

(3) Aは、平成13年1月25日開催の理事会において、上告人が公的な補助金の交付を受けることにより上告人自身の資金的負担のない形で堆肥センターの建設事業を進めることにつき、理事会の承認を得た。

Aは、同年8月31日開催の理事会において、「予算面として、造成と建造物で4億円、水路修復と畦畔整備に約1億5,000万円かかり、それを追加要請していたところ、ほぼ受諾いただけた」、「農林水産省は決定しても来年です。そう思い来年の確約書類化をと考えたのですが、無理でしたので、方向転換してB財団へ働き掛けたわけです」、「心配いりません。少しでも負担が必要であれば実施しません。建ってしまってから後、実は負担が必要となれば、私が責任を持って負担額を捻出して来ます」などと発言した。

しかし、Aが、B財団に対して補助金の交付申請等をしたことはなく、同財団へ働き掛けたというAの上記説明は、虚偽であった。

(4) Aは、その後の理事会においても、「堆肥センターは補助金が入らない限りは着手しません」と発言していたが、平成14年4月26日開催の理

事会において、「補助金が出るまでの立替えとして、堆肥センター用地と代替地の費用について1,500万円の限度で上告人が資金を支出することを承認願いたい。まず1棟を造り、見ていただきたい」との提案をし、その旨の理事会の承認を得た。

(5) Aは、平成14年5月10日以降、上告人の代表理事として、堆肥センター用地等合計11筆の土地を上記理事会において承認された限度を超える金額で購入し、上告人の資金を支出しながら、理事会に対しては、その購入が理事会において承認された限度内でほぼ完了した旨の虚偽の報告をした上、同年8月8日開催の理事会で、堆肥センター建設工事の入札の実施について組合長等への一任を取り付け、入札を実施し、同月28日開催の理事会で工事費用等の報告をして、同工事を実施に移した。

(6) 被上告人は、平成12年8月19日、上告人の監事に就任し、平成14年5月18日まで監事を務めた後、同日、上告人の理事となったが、その間、Aに対し、B財団への補助金交付申請の内容、補助金の受領見込額、その受領時期等に関する質問をしたり、資料の提出を求めたりしたことはなかった。なお、被上告人以外の監事においても同様であった。

(7) 上告人は、平成14年11月1日、農水産業協同組合貯金保険法に基づき、岡山県知事から管理人による業務及び財産の管理を命じられ、弁護士C、農水産業協同組合貯金保険機構及び岡山県農業協同組合中央会がその管理人に選任された。

被上告人は、同日、理事を辞任し、Aは、同月6日、管理人らにより理事を解任された。

(8) 管理人らは、堆肥センターの建設事業については、数億円の資金を要し、AがB財団に補助金の交付を働き掛けた事実もなく、その資金調達の目途が立たないため、上告人において同事業を実現することは不可能であるとして、同事業を直ちに中止した。

その結果、上告人は、Aが締結した堆肥センター用地の売買契約の解消に伴う精算費用、Aが実施した同用地の測量・造成工事費用、堆

肥センターの設計費用等合計5,689万4,900円の損害を被った。

　なお、被上告人と同時期に上告人の監事であった者らは、上告人からの求めに応じ、受給済みの役員報酬を任意に返還するなどした。
③　原審は、上記の事実関係の下で、次のとおり判断し、上告人の請求を棄却すべきものとした。

　上記事実関係によれば、B財団に堆肥センターの建設事業に係る補助金の交付を働き掛けた旨のAの発言は、虚偽であったと認められるものの、上告人の役員は、代表理事兼組合長のみが常勤であり、上告人においては、代表理事兼組合長が、自ら責任を負担することを前提として、理事会の一任を取り付けた上で様々な事項を処理判断するとの慣行が存在し、その慣行に基づき理事会が運営されてきたものと認められ、代表理事兼組合長であるAは、その慣行に沿った形で、補助金交付の見通しをあいまいにしたまま、なし崩し的に堆肥センター建設工事の実施に向けて理事会を誘導しており、その間のAの一連の言動につき、特に不審を抱かせるような状況もなかったといえるから、このような状況の中で、Aに対して、さらにその発言の裏付資料を求めなければならないという義務を監事に課すことは、酷であるというべきである。

　したがって、当時、上告人の監事であった被上告人において、Aに対し、B財団に補助金交付を働き掛けた旨の発言の裏付資料の提出を求めなかったからといって、そのことが直ちに上告人に対する忠実義務に違反するものとは認められず、被上告人は、農業協同組合法第39条第2項、第33条第2項に基づく責任を負わない。
④　しかしながら、原審の上記判断は是認することができない。その理由は、次のとおりである。
(1)　監事は、理事の業務執行が適法に行われているか否かを善良な管理者の注意義務（農業協同組合法39①、商〔平成17年法律第87号による改正前のもの。以下「旧商法」という〕254③、民644）をもって監査すべきものであり（農業協同組合法39②、旧商274①）、理事が組合の目的の範囲内にな

い行為その他法令もしくは定款に違反する行為を行い、または行うおそれがあると認めるときは、理事会にこれを報告することを要し（農業協同組合法39③、旧商260の3②）、理事の上記行為により組合に著しい損害を生ずるおそれがある場合には、理事の行為の差止めを請求することもできる（農業協同組合法39②、旧商275の2）。監事は、上記職責を果たすため、理事会に出席し、必要があるときは意見を述べることができるほか（農業協同組合法39③、商〔平成13年法律第149号による改正前のもの〕260の3①）、いつでも組合の業務及び財産の状況の調査を行うことができる（農業協同組合法39②、旧商274②）。

　そして、監事は、組合のため忠実にその職務を遂行しなければならず（農業協同組合法39②、33①）、その任務を怠ったときは、組合に対して損害賠償責任を負う（同33②）。

　監事の上記職責は、たとえ組合において、その代表理事が理事会の一任を取り付けて業務執行を決定し、他の理事らが係る代表理事の業務執行に深く関与せず、また、監事も理事らの業務執行の監査を逐一行わないという慣行が存在したとしても、そのような慣行自体適正なものとはいえないから、これによって軽減されるものではない。したがって、原審判示のような慣行があったとしても、そのことをもって被上告人の職責を軽減する事由とすることは許されないというべきである。

(2)　前記事実関係によれば、Aは、平成13年1月25日開催の理事会において、公的な補助金の交付を受けることにより上告人自身の資金的負担のない形で堆肥センターの建設事業を進めることにつき承認を得たにもかかわらず、同年8月31日開催の理事会においては、補助金交付をB財団に働き掛けたなどと虚偽の報告をした上、その後も補助金の交付が受けられる見込みがないにもかかわらずこれがあるかのように装い続け、平成14年5月には、上告人に費用を負担させて用地を取得し、堆肥センターの建設工事を進めたというのであって、このようなAの行為は、明らかに上告人に対する善管注意義務に反するものといえる。

そして、Aは、平成13年8月31日開催の理事会において、補助金交付申請先につき、方向転換してB財団に働き掛けたなどと述べ、それまでの説明には出ていなかった補助金の交付申請先に言及しながら、それ以上に補助金交付申請先や申請内容に関する具体的な説明をすることもなく、補助金の受領見込みについてあいまいな説明に終始した上、その後も、補助金が入らない限り、同事業には着手しない旨を繰り返し述べていたにもかかわらず、平成14年4月26日開催の理事会において、補助金が受領できる見込みを明らかにすることもなく、上告人自身の資金の立替えによる用地取得を提案し、なし崩し的に堆肥センターの建設工事を実施に移したというのであって、以上のようなAの一連の言動は、同人に明らかな善管注意義務違反があることをうかがわせるに十分なものである。

　そうであれば、被上告人は、上告人の監事として、理事会に出席し、Aの上記のような説明では、堆肥センターの建設事業が補助金の交付を受けることにより上告人自身の資金的負担のない形で実行できるか否かについて疑義があるとして、Aに対し、補助金の交付申請内容やこれが受領できる見込みに関する資料の提出を求めるなど、堆肥センターの建設資金の調達方法について調査、確認する義務があったというべきである。

　しかるに、被上告人は、上記調査、確認を行うことなく、Aによって堆肥センターの建設事業が進められるのを放置したものであるから、その任務を怠ったものとして、上告人に対し、農業協同組合法第39条第2項、第33条第2項に基づく損害賠償責任を負うものというほかはない。

⑤　以上と異なる原審の判断には、判決に影響を及ぼすことが明らかな法令の違反がある。この点をいう論旨は理由があり、原判決中、被上告人に関する部分は破棄を免れない。

　そして、前記事実関係によれば、被上告人が上記調査、確認を行っていれば、Aが補助金の交付申請をすることなく堆肥センターの建設事業を

進めようとしていることが容易に判明し、同事業が進められることを阻止することができたものというべきところ、上告人は、Ａによって同事業が進められた後になって、同事業の資金調達の目途が立たず、その中止を余儀なくされた結果、合計5,689万4,900円の損害を被ったというのであるから、被上告人が任務を怠ったことと、上告人に生じた上記損害との間には相当因果関係がある。

そうすると、被上告人に対し、農業協同組合法第39条第2項、第33条第2項に基づく損害賠償の一部請求として、1,000万円及びこれに対する訴状送達の日の翌日である平成15年7月2日から支払済みまで民法所定の年5分の割合による遅延損害金の支払いを求める上告人の請求は理由があり、これを認容すべきである。

6. 株式会社足利銀行の事例

(1) 事案の概要

平成17年9月16日付株式会社足利銀行のニュースリリース（http://www.ashikagabank.co.jp/news/pdf/abk_q593.pdf）によると、株式会社足利銀行（以下「足利銀行」という）は、同日、平成13年3月期決算の会計監査において、当時の監査役4名、会計監査人中央青山監査法人（現在のみすず監査法人）が任務を懈怠し、決算が粉飾決算であることを看過し、適法意見を付した監査報告書を足利銀行の代表取締役頭取に提出するなどして、違法配当を実施するに至らせ、足利銀行に違法配当相当額の11億3,580万円の損害を与えたとして、当時の監査役4名について、旧株式会社の監査等に関する商法の特例に関する法律（以下「商法特例法」という）第18条の4第1項、旧商法第277条、第278条に基づき、また、中央青山監査法人につき、商法特例法第9条、第11条に基づき、それぞれ違法配当を実施した取締役らと連帯して、損害賠償として違法配当額11億3,580万円の支払いを請求する損害賠償請求訴訟を宇都宮地方裁判所に提起した。

監査役らに対する訴訟提起にあたり、足利銀行は、内部調査委員会を設置

し、違法配当については、監査役4名に看過しがたい任務懈怠があったとの調査結果が足利銀行に報告され、足利銀行は内部調査委員会の報告内容を検討した上、その調査結果に基づき、当時の監査役に対し損害賠償を求めて訴訟を提起した。

(2) 和解の内容

平成19年7月2日付の足利銀行のニュースリリース（http://www.ashikagabank.co.jp/news/pdf/abk_q742.pdf）によると、足利銀行は、平成13年3月期決算における違法配当事案にかかる損害賠償請求訴訟において、みすず監査法人と当時の監査役4名との間で、宇都宮地方裁判所の和解勧告に従い、和解が成立したことを発表した。和解の内容は、以下のとおりである。

① 責任の明確化

みすず監査法人については、同監査法人が会計監査を行い適法の監査意見を表明した足利銀行の平成13年3月期決算に関し、果たすべき役割を全うするに至らなかった責任を認め、足利銀行に対し和解金を支払うこととした。

当時の監査役4名についても、果たすべき役割を全うするに至らなかった責任を認め、足利銀行に対し、和解金を支払うこととした。

② 和解金額
- みすず監査法人：2億5,000万円
- 旧監査役4名（総額）：1,200万円

7. 現在係属中の訴訟

現在、監査役に対する損害賠償請求訴訟が係属している事案としては、以下のようなものがある。

(1) 株式会社レックス・ホールディングス

株式会社レックス・ホールディングスのTOB価格をめぐり、同社の元株主らが株式会社レックス・ホールディングスの当時の取締役、監査役を被告

として、不当に安い値段の TOB によって損害を被ったとして、当時の取締役、監査役に対し、その賠償を求める訴訟が東京地方裁判所に係属している。

(2) 株式会社アーバンコーポレイション

　株式会社アーバンコーポレイションの臨時報告書等への虚偽記載により損害を被ったと主張する株主が、虚偽記載が行われた平成20年6月26日当時、同社の取締役、監査役であった役員14名を被告として、金融商品取引法に基づく損害賠償を求め、東京地方裁判所に集団訴訟を提起した。

(3) 三洋電機株式会社

　三洋電機の平成14年9月中間期から平成16年9月中間期までの間に行われた利益配当及び中間配当が違法であったとして、三洋電機の株主が、当該期間に在任していた三洋電機の取締役13名及び監査役4名に対し、当該期間の利益配当及び中間配当額合計278億6,752万7,079円を三洋電機に賠償するように求める株主代表訴訟が大阪地方裁判所に係属している。

8. 監査役を巡る最近の動き

　近時、"監査役の反乱"と呼ばれるような監査役の活躍が増加している（平成21年4月20日 asahi.com 配信記事「もの言う監査役、増加中」等）。これまでは、監査役が取締役の業務執行に対し、異論を唱えることは少なかったが、取締役に対し異議を唱えたり、経営陣の職務執行に対して、調査権を行使するなど、積極的に監査役の権限を行使する監査役が増加している。

(1) 株式会社ニチロ

　株式会社ニチロの常勤監査役が、同社の監査報告書において、内部統制システムが不備であると指摘した。
　同社の監査報告書は以下のとおりである。

監査報告書

　当監査役会は、平成18年4月1日から平成19年3月31日までの第117期事業年度の取締役の職務の執行に関して、各監査役が作成した監査報告書に基づき、審議の上、本監査報告書を作成し、以下のとおり報告いたします。

１．監査役及び監査役会の監査の方法及びその内容
　監査役会は、監査の方針、職務の分担等を定め、各監査役から監査の実施状況及び結果について報告を受けるほか、取締役等及び会計監査人からその職務の執行状況について報告を受け、必要に応じて説明を求めました。
　各監査役は、監査役会が定めた監査役監査の基準に準拠し、監査の方針、職務の分担等に従い、取締役、内部監査部門その他の使用人等と意思疎通を図り、情報の収集及び監査の環境の整備に努めるとともに、取締役会その他重要な会議に出席し、取締役及び使用人等からその職務の執行状況について報告を受け、必要に応じて説明を求め、重要な決裁書類等を閲覧し、本社及び主要な事業所において業務及び財産の状況を調査いたしました。また、取締役の職務の執行が法令及び定款に適合することを確保するための体制その他株式会社の業務の適正を確保するために必要なものとして会社法施行規則第100条第1項及び第3項に定める体制の整備に関する取締役会決議の内容及び当該決議に基づき整備されている体制（内部統制システム）の状況を監視及び検証いたしました。子会社については、子会社の取締役及び監査役等と意思疎通及び情報の交換を図り、必要に応じて子会社から事業の報告を受けました。以上の方法に基づき、当該事業年度に係る事業報告及びその附属明細書について検討いたしました。
　さらに、会計監査人が独立の立場を保持し、かつ、適正な監査を実施

しているかを監視及び検証するとともに、会計監査人からその職務の執行状況について報告を受け、必要に応じて説明を求めました。また、会計監査人から「職務の遂行が適正に行われることを確保するための体制」（会社計算規則第159条各号に掲げる事項）を「監査に関する品質管理基準」（平成17年10月28日企業会計審議会）等に従って整備している旨の通知を受け、必要に応じて説明を求めました。以上の方法に基づき、当該事業年度に係る計算書類（貸借対照表、損益計算書、株主資本等変動計算書及び個別注記表）及びその附属明細書並びに連結計算書類（連結貸借対照表、連結損益計算書、連結株主資本等変動計算書及び連結注記表）について検討いたしました。

２．監査の結果
(1) 事業報告等の監査結果
　一　事業報告及びその附属明細書は、法令及び定款に従い、会社の状況を正しく示しているものと認めます。
　二　取締役の職務の執行に関する不正の行為又は法令もしくは定款に違反する重大な事実は認められません。
　三　内部統制システムに関する取締役会決議の内容は相当であると認めます。また、当該内部統制システムに関する取締役の職務の執行についても、指摘すべき事項は認められません。
(2) 計算書類及びその附属明細書の監査結果
　会計監査人あずさ監査法人の監査の方法及び結果は相当であると認めます。
(3) 連結計算書類の監査結果
　会計監査人あずさ監査法人の監査の方法及び結果は相当であると認めます。

3．監査役Ａの意見

　監査役Ａは上記のうち内部統制システムに関する判断には同意しない。

　内部統制システムに関する取締役の職務の執行については相当であるとはいえない。平成18年4月常務会、同月取締役会、および7月常務会において内部統制システムに関する取締役会決議は法令の定めを満たしていないと監査役が指摘をしたにもかかわらず、取締役会にて再議決されたのは平成19年3月であった。平成18年6月、監査役会の議決に基づき監査役の監査が実効的に行なわれることを確保するための体制の整備について使用人の配属をはじめとする4項目の申し入れを行なったが、再三の督促にもかかわらず、回答は平成19年3月まで引き伸ばされ、取締役会にて取締役全員の謝罪の意向が表明されたものの、実効ある対応は今なお未実施のものが多い。また、複数部署における監査役監査実施時の虚偽報告の疑い、不適切な売上計上の疑いなど、看過できない幾つかについて適切なる報告および是正措置を求めたが、相当日数経過後も実施されなかった。さらに、会計監査人による期中監査時の改善指摘事項が相当日数経過後も是正されない事態もある。商品に散弾銃の銃弾が混入した事態を社内規則「危機管理マニュアル重大事故処理基準」の重大事件に該当しないと判断し、処理された。これらの一つ一つは法令あるいは定款に違反する重大な事実とまではいえないが、取締役に規範意識の弛緩があり、再発防止のための諸施策が有効且つ適切に実施されたとはいえない。したがって、内部統制システムに関する取締役の職務の執行が適切に為され、相当であるとはいえない。

　　平成19年5月22日

　　　　　　　　　　　　株式会社ニチロ　監査役会
　　　　　　　　　　　　　　監査役（常勤）　------------　㊞
　　　　　　　　　　　　　　監査役（常勤）　------------　㊞

監査役	----------------------	印
監査役	----------------------	印

（注）　監査役B及びCは、会社法第2条第16号及び第335条第3項に定める社外監査役であります。

(2) 株式会社荏原製作所の社外監査役

　ポンプメーカーの株式会社荏原製作所（東証一部上場）の社外監査役であるO氏は、平成20年6月、同社の監査報告書で、会社の事業報告を承認しなかった。同社の監査報告書は、以下のとおりである。

監査報告書

　当監査役会は、平成19年4月1日から平成20年3月31日までの第143期事業年度の取締役の職務執行に関して、各監査役が作成した監査報告書に基づき、審議の上、本監査報告書を作成し、以下のとおり報告いたします。

1．監査役及び監査役会の監査の方法及びその内容

　　監査役会は、監査の方針、職務の分担等を定め、各監査役から監査の実施状況及び結果について報告を受けるほか、取締役等及び会計監査人からその職務の執行状況について報告を受け、必要に応じて説明を求めました。

　　各監査役は、監査役会が定めた監査役監査の基準に準拠し、監査の方針、職務の分担等に従い、取締役、内部監査部門等と意思疎通を図り、情報の収集及び監査の環境の整備に努めるとともに、取締役会その他重要な会議に出席し、取締役等からその職務の執行状況について報告を受け、必要に応じて説明を求め、重要な決裁書類等を閲覧し、本社及び主要な事業所において業務及び財産の状況を調査いたしまし

た。また、取締役の職務の執行が法令及び定款に適合することを確保するための体制その他株式会社の業務の適正を確保するために必要なものとして会社法施行規則第100条第1項及び第3項に定める体制の整備に関する取締役会決議の内容及び当該決議に基づき整備されている体制（内部統制システム）の状況を監視及び検証いたしました。子会社については、子会社の取締役及び監査役等と意思疎通及び情報の交換を図り、必要に応じて子会社から事業の報告を受けました。以上の方法に基づき、当該事業年度に係る事業報告及びその附属明細書について検討いたしました。

　さらに、会計監査人が独立の立場を保持し、かつ、適正な監査を実施しているかどうかを監視及び検証するとともに、会計監査人からその職務の執行状況について報告を受け、必要に応じて説明を求めました。また、会計監査人から「職務の遂行が適正に行われることを確保するための体制」（会社計算規則第159条各号に掲げる事項）を「監査に関する品質管理基準」（平成17年10月28日企業会計審議会）等に従って整備している旨の通知を受け、必要に応じて説明を求めました。以上の方法に基づき、当該事業年度に係る計算書類（貸借対照表、損益計算書、株主資本等変動計算書及び個別注記表）及びその附属明細書並びに連結計算書類（連結貸借対照表、連結損益計算書、連結株主資本等変動計算書及び連結注記表）について検討いたしました。

2．監査の結果

(1)　事業報告等の監査結果

　　一　事業報告及びその附属明細書は、法令及び定款に従い、会社の状況を正しく示しているものと認めます。

　　二　取締役の職務の執行に関する不正の行為又は法令若しくは定款に違反する重大な事実は認められません。

　　三　内部統制システムに関する取締役会決議の内容は相当であると認めます。また、当該内部統制システムに関する取締役の職務の

執行については、継続的に改善が図られているものと認めます。
（付記）事業報告において、以下の内容が記載されています。

「当社は誠に遺憾ながら、平成18年度に独占禁止法違反等の処分を受けた汚泥再生処理施設工事について、平成19年9月に国土交通省から建設業法違反として営業停止処分を受け、また、独占禁止法違反として平成15年度に公正取引委員会より排除勧告を受け審判中であった東京都下水道局発注の下水道ポンプ設備工事について、平成20年4月に排除措置を求める審決の送達を受けました。

元経営幹部による会社資金の不正支出については、事実関係と損害額の確認を行い、外部有識者に委嘱した評価委員会の勧告を受けて法的な責任を認定するとともに、損害額の回収を図っており、その相当部分は回収しましたが、未回収部分については法的手続を実行しております。これと同時に、再発防止策を策定するために外部有識者を入れた委員会を設置し、決定した再発防止策を実行に移しております。」

(2) 計算書類及びその附属明細書の監査結果

会計監査人聖橋監査法人の監査の方法及び結果は相当であると認めます。

(3) 連結計算書類の監査結果

会計監査人聖橋監査法人の監査の方法及び結果は相当であると認めます。

3．付記事項

監査役Oの意見は、次のとおりである。

コンプライアンス上、重大な疑義があるので、本事業報告を承認しない。

〈その理由〉

「元経営幹部による会社資金の不正支出」に対する取締役及び取締

役会の調査は不十分であり、当職は、会社法第381条に基づき本件に関する調査を実施したが、取締役は調査に必要な情報の開示を行わず、当職が要求した関係者に対するヒヤリングにも対応していない。従って、取締役の職務執行に関し、法令に違反し又はその疑いがあると認められる。また、本件に係る調査報告書等には、経理帳簿の虚偽記載を疑わせる記載があり、本事業報告は承認できない。

平成20年5月22日

株式会社荏原製作所　監査役会
　　常勤監査役　　　　　　　　　　　㊞
　　常勤監査役　　　　　　　　　　　㊞
　　社外監査役　　　　　　　　　　　㊞
　　社外監査役　　　　　　　　　　　㊞
　　社外監査役　　　　　　　　　　　㊞

　これに対し、荏原製作所の経営陣は、計算書類の承認を決議事項とし、株主総会において株主の多数の承認を得て、計算書類は承認された。

　O監査役は、日経ビジネス2008年9月15日号「敗軍の将、兵を語る」において、経営陣との対立の経緯について明らかにするとともに、監査役に対し「『名ばかり監査役』はもうやめましょう」と呼びかけている。

(3) 春日電機株式会社

① 春日電機取締役違法行為差止仮処分命令申立事件決定（東京地方裁判所平成20年11月26日決定　資料版商事法務 299号330頁）

　春日電機株式会社（以下「春日電機」という）は、東証2部上場（現在は上場廃止）の制御機器メーカーである。

　本件違法行為差止仮処分命令申立事件の当事者は、春日電機の平成20年11月当時の監査役と代表取締役である。以下、本件仮処分申立てをした監査役

を「債権者」といい、申し立てられた代表取締役を「債務者」という。

仮処分命令申立書によると、本件の概要は以下のとおりである。

株式会社アインテスラ（以下「アインテラス社」という）は、債務者が設立した会社であり、平成20年11月当時、アインテスラ社の代表取締役は債務者であった。そして、債務者がアインテスラ社の発行済株式総数の28.5％を所有する筆頭株主であった。アインテスラ社は、平成19年頃から、市場において春日電機の株を取得し、平成20年9月30日時点の春日電機の発行済株式総数に対するアインテスラ社の所有株式数の割合は、12.85％であった。後述のとおり、その後、春日電機創業者一族から保有する春日電機株式を取得し、本件申立当時、アインテスラ社は、春日電機の発行済株式総数の40％を保有していた。

春日電機の平成20年6月27日の株主総会において、取締役選任議案が提出され、アインテスラ社は、取締役選任の修正動議を提出したところ、春日電機が提案した取締役選任議案が否決され、選任される予定であった春日電機の創業者一族であった従前の取締役両名は、取締役として選任されず失職した。これに代わり、修正動議に基づく提案どおりにアインテスラ社の代表取締役である債務者らが春日電機の取締役となった。失職した創業者一族は、債務者から経営責任を追及され、保有していた全株式をアインテスラ社に譲渡することとなり、春日電機の創業者一族は、春日電機に対する支配力を失った。

債務者は、株主総会後に行われた春日電機の取締役会において、春日電機の代表取締役に選定された。

債務者は、春日電機の代表取締役就任直後から、大株主の地位を利用して、アインテスラ社に対し、取締役会決議を経ずに、また、融資の必要性、アインテスラ社の返済能力について何ら調査・検討も行わずに、無担保で2億8,000万円の金員を貸し付けた。そして、アインテスラ社の代表取締役でもあった債務者は、返済期限経過後も、春日電機のアインテスラ社に対する貸付金の支払猶予を度々申し入れ、春日電機の取締役として、貸金返還請求を

全く行おうとしなかった。債権者は、これらの貸付けは、春日電機にとって何ら利益のない行為であり、経営判断上不合理な行為であるから、取締役の忠実義務等に違反する違法な行為であると主張した。

また、春日電機は、ソフィアモバイル株式会社（以下「ソフィアモバイル社」という）から商品納入代金1億5,000万円の支払いを請求されていたが、この取引は、本来、取締役会決議事項であるにもかかわらず、その決議がなく、春日電機の担当部門にも何ら知らされていなかった。そこで債権者が調査したところ、売買契約書と検収書がソフィアモバイル社から送付され、検収書には債権者が検収をしたことになっていた。しかし、ソフィアモバイル社から、春日電機の倉庫に商品が納品された事実はなく、債務者による架空取引の可能性が高い不自然な取引であったため、債権者が調査を行おうとしたところ、債務者は、債権者の事実関係の確認の求めにも応じず、独断でソフィアモバイル社に対して何らかの支払いをしようとしていた。

債権者は、以上の2つの違法行為に対して、債務者がアインテスラ社に対する貸金返還請求権の返済期限猶予の禁止とソフィアモバイル社に対する金銭その他財産の譲渡の禁止を求める取締役の違法行為差止めの仮処分の申立てを行った。

これに対し、東京地方裁判所は、上記の行為を禁止する決定を行った。

② 春日電機臨時株主総会開催禁止仮処分命令申立事件決定（東京地方裁判所平成20年12月3日決定 資料版商事法務 299号337頁）

仮処分命令申立書によると、本件の概要は以下のとおりである（なお、本件違法行為差止仮処分命令申立事件の当事者は、上記①事件と同様、春日電機の平成20年11月当時の監査役と代表取締役である。以下、本件仮処分申立てをした監査役を「債権者」といい、申し立てられた代表取締役を「債務者」という）。

春日電機は、平成20年10月6日の取締役会において、9月末日を基準日として、同年11月11日に、債務者が推薦する取締役、監査役の選任等を目的とする臨時株主総会を開催することを決議した。

同年10月29日の春日電機の取締役会において基準日を維持したまま臨時株

主総会日を12月5日に変更する旨の決議を行った。

　しかしながら、上記基準日である9月末日においてアインテスラ社は上位第2位の大株主（保有割合12.85％）であったが、11月7日、春日電機の株式を担保に供し、この担保権が実行されたため、アインテスラ社は、春日電機の株式をすべて失った。

　債務者はアインテスラ社が春日電機の株式を失っていることを認識しているにもかかわらず、自らが大株主であるアインテスラ社の意見を株主総会において反映させるために、アインテスラ社が株主であった時点を基準日に設定して臨時株主総会を開催し、自らの推薦する候補者を取締役・監査役とする議案等を提出することで、春日電機の取締役会における発言権を増そうとしており、このような行為は、現実の株主が把握できるように総会会日時点にできる限り近い時点の基準日を設定すべきであるという制度の趣旨に反し、基準日制度を濫用して、アインテスラ社の議決行使を通じて、債務者の意向を株主総会の決議に反映させようとするものであり、これらの行為は取締役である債務者の善管注意義務等に違反する行為であると主張した。

　そして、上記春日電機取締役違法行為差止仮処分命令申立事件で指摘した債務者の違法行為を主張し、①会計監査人から春日電機のコンプライアンス体制が確立されていない旨の指摘により、適正意見が得られず、第二四半期報告書を期限経過後も提出できていないところ、債務者らが推薦する候補者が取締役に選任された場合は適正意見を提示できない旨会計監査人が明言しており、上記候補者が選任された場合、上場廃止に追い込まれる可能性が高い、②上記候補者が取締役に選任された場合、不適切な取引に係る売買代金の返還請求などの法的手続をとることが困難になり、本来回収できるはずの2億円が回収できず、春日電機の資産が不当に流出するなどの損害が生じると主張し、臨時株主総会の開催を禁止する仮処分の申立てを行った。

　これに対し、東京地方裁判所は、臨時株主総会の開催を禁止する決定を行った。

(4) 株式会社京樽

　株式会社京樽（以下「京樽」という）の連結子会社である株式会社新杵（以下「新杵」という）の平成19年12月期決算において、前年同期に比して売上高が横ばいにもかかわらず売掛金残高が大幅に増加している傾向に京樽の監査役（新杵監査役を兼務）が疑問を抱き、会計責任者から説明を求めたが、十分な説明が受けられなかった。監査役は平成20年6月中間期決算の監査過程において、出店先オーナーに対する売掛金にかかる未清算消費税が4,300万円計上されているのを発見し、新杵の売上規模からは大きすぎる金額であると考え、会計責任者に対し、調査し訂正するように求めたが、十分な調査結果を得ることはできなかった。

　そこで、監査役は京樽の担当役員を通じ、京樽の財務経理部員に協力を求め、平成20年9月16日以降、新杵の本格的な財務調査を実施したところ、平成20年8月末日現在における適正な勘定残高は、売掛金を中心に9,000万円を超える減額修正を施す必要のあることが明らかとなった。

　監査役の調査により、京樽は調査委員会を設置発足させ、実態解明をし、その結果、新杵の会計責任者による着服横領の事実が明らかとなった。

(5) 昭和ゴム株式会社

　昭和ゴム株式会社（以下「昭和ゴム」という）の社外監査役であるA氏は、昭和ゴム第107期報告書の監査報告書において、以下のとおりの意見を表明した。

> (1)　輸入自動車の販売は、当社定款にも記載無く本来当社が採り上げるべき事業でなかったにも拘らず、之を強行し、誤った与信供与、不適切な回収方法により、当期決算において負担利息、諸経費を別にして1,181百万円の損失計上のやむなきに至った。
>
> (2)　光ファイバー関連事業は、投融資の判断に際し、慎重な事業性調査、与信調査がなされぬまま実行され、結果として当期決算において950

> 百万円に上る損失計上のやむなきに至った。
> (3) 上記(1)、(2)の通り取締役の善管注意義務、忠実義務違反と言う重大な任務の懈怠があった。
>   当社のリスク管理体制、就中与信管理体制に不備あり早急なる対応が望まれる。

　A氏は、個人株主からの取締役の責任追及の提訴請求を受け、昭和ゴムの代表者として、平成20年6月18日、昭和ゴム社長ら取締役6名を被告として、光ファイバー関連事業に関して、取締役の善管注意義務違反及び忠実義務違反を理由に、9億8,000万円の損害賠償請求をする訴訟を千葉地方裁判所松戸支部に提起した。

　さらに、平成20年6月24日、昭和ゴム社長ら取締役7名を被告として、輸入自動車の販売に関して、取締役の善管注意義務違反及び忠実義務違反を理由に、11億8,136万2,186円の損害賠償を請求する訴訟を千葉地方裁判所松戸支部に提起した。

　A氏は、訴訟提起直後に監査役を退任し、現在はA氏を引き継いだ昭和ゴムの監査役が訴訟を追行している。

[鳥飼総合法律事務所]

所在地等：〒101—0052　東京都千代田区神田小川町1丁目3番1号
　　　　　NBF小川町ビルディング6階（受付）・4階
　　　　　TEL：　03—3293—8817（代）
　　　　　FAX：　03—3293—8818
　　　　　URL：　http://www.torikai.gr.jp/
　　　　　E-mail：　torikai-santa@torikai.gr.jp
　　　　　ブログ鳥飼日記：　http://torikainikki.cocolog-nifty.com/
概　要：　企業法務と税務分野を専門とする法律事務所。
　　　　　企業法務関連では、事業再編、株主総会指導、企業防衛、内部統制、コンプライアンス指導、法務コンサルタント、各種訴訟等において、税務分野では税務訴訟、不服申立て、タックスプランニング、調査段階におけるアドバイス等において多くの実績がある。弁護士34名と税務訴訟関連に特化した専門税理士3名が所属している（2010年7月現在）。

■編著

鳥飼　重和（とりかい　しげかず）　　第1章担当
中央大学法学部卒。税理士事務所勤務後、司法試験に合格。日本税理士会連合会顧問、鳥飼総合法律事務所代表弁護士。
専門分野：内部統制・株主総会・経営者の責任等経営を中心とした会社法、税務訴訟を中心とした税法
主な著書：『平成22年株主総会徹底対策』（共著）商事法務、『平成22年版　取締役・監査役必携　株主総会の財務会計に関する想定問答』（共著）清文社、『内部統制時代の役員責任』（共著）商事法務、『新公益法人制度における公益認定と役員の責任』（編著）商事法務、『豊潤なる企業』清文社、『「考運」の法則』同友館　等

吉田　良夫（よしだ　よしお）　　第2章・第6章担当
明治大学法学部卒。鳥飼総合法律事務所パートナー弁護士。
専門分野：コンプライアンス・危機管理（危機対応を含む）及び会社法
最近の著作：『内部統制の責任と現状』（共著）税務経理協会／日本取締役協会編、『内部統制の理念』（共著）第一法規、『内部統制の要点』（共著）第一法規　等

■著者

多田　郁夫（ただ　いくお）　　第3章担当
中央大学法学部卒。鳥飼総合法律事務所パートナー弁護士。
専門分野：企業法務、一般民事、破産、再生

権田　修一（ごんだ　しゅういち）　　第4章担当
早稲田大学社会科学部卒。鳥飼総合法律事務所パートナー弁護士。
専門分野：M&A、株主総会指導、債権回収、事業再生、事業承継などの企業法務全般
主な著書：『債権回収基本のき（改訂版）』商事法務、『株主総会の議案・参考書類作成の実務（第3版）』（共著）清文社、『経営承継円滑化法と民法特例の法実務』（共著）清文社、『税理士・会計士のための顧問先アドバイスノート　企業法務編』（共著）清文社、『新会社法適用　定款変更と企業防衛対策の実務』（共著）清文社　等

松村　満美子（まつむら　まみこ）　　第7章担当
青山学院大学国際政経学部卒。早稲田大学大学院法学研究科修了。鳥飼総合法律事務所所属弁護士。
専門分野：企業法務、一般民事、刑事事件

藤池　尚恵（ふじいけ　なおえ）　　第5章担当
一橋大学法学部卒。学習院大学法科大学院修了。鳥飼総合法律事務所所属弁護士。
専門分野：企業法務、一般民事
主な著書：『新公益法人制度における公益認定と役員の責任』（共著）商事法務

監査役の社会的使命と法的責任

2010年7月15日　発行

編著者	鳥飼 重和／吉田 良夫 Ⓒ
発行者	小泉 定裕
発行所	株式会社 清文社 東京都千代田区内神田1−6−6（MIFビル） 〒101-0047　電話 03(6273)7946　FAX 03(3518)0299 大阪市北区天神橋2丁目北2−6（大和南森町ビル） 〒530-0041　電話 06(6135)4050　FAX 06(6135)4059 URL http://www.skattsei.co.jp/

印刷：亜細亜印刷㈱

■著作権法により無断複写複製は禁止されています。落丁本・乱丁本はお取り替えします。
■本書の内容に関するお問い合わせは編集部までFAX（03-3518-8864）でお願いします。

ISBN978-4-433-55100-1